全国高职高专财经类创新精品规划教材

Caiwu Kuaiji FenGangwei Shixun

财务会计分岗位实训

主　编　崔喜元　杨　靖
副主编　张秀倩　李红梅　刘明欣

中国经济出版社
CHINA ECONOMIC PUBLISHING HOUSE
北　京

图书在版编目(CIP)数据
财务会计分岗位实训/崔喜元,杨靖主编
北京:中国经济出版社,2011.6(2018.8重印)
ISBN 978-7-5136-0623-3
Ⅰ.①财… Ⅱ.①崔…②杨… Ⅲ.①财务会计 Ⅳ.①F234.4
中国版本图书馆CIP数据核字(2011)第048927号

责任编辑 姜 静
责任审读 霍宏涛
责任印制 马小宾
封面设计 任燕飞装帧设计工作室

出版发行 中国经济出版社
印 刷 者 北京九州迅驰传媒文化有限公司
经 销 者 各地新华书店
开　　本 787mm×1092mm 1/16
印　　张 15.5
字　　数 249千字
版　　次 2012年4月第1版
印　　次 2018年8月第11次印刷
书　　号 ISBN 978-7-5136-0623-3
定　　价 29.00元

中国经济出版社 网址 www.economyph.com 社址 北京市西城区百万庄北街3号 邮编 100037
本版图书如存在印装质量问题,请与本社发行中心联系调换(联系电话:010-68319116)

前　言

为推动高职高专教育教学，贯彻以“就业为导向”的宗旨，我们本着基于工作过程开发课程，着力突出岗位技能操作的原则，在结合课堂教学反馈和企业实践的基础上编制了本实训教材，旨在通过实训提高学生的实际操作能力，切实有效地培养出会计岗位需要的应用型人才。

本实训教材是以中国经济出版社出版的《财务会计》为基础编写的配套实训教材，力求理论与实际紧密联系，着力加强技能操作，注重对学生应用能力的训练。按照会计核算技能与方法安排内容，将会计理论知识、会计岗位实践操作与学生的会计实训有机地结合在一起，尽可能贴近企业会计工作实践，便于培养学生的实践操作能力。通过实训操作，学生具备处理会计各岗位经济业务的能力，为学生毕业后尽快适应工作岗位奠定基础。实训内容主要进行会计岗位技能的训练，包括：出纳岗位核算实训、往来岗位核算实训、存货岗位核算实训、资产岗位核算实训、投资岗位核算实训、筹资岗位核算实训、职工薪酬岗位核算实训、收入费用利润岗位核算实训、总账报表岗位实训。

本实训教材在编写过程中，形成了以下特色：(1)突出职业特性，以最新的仿真会计资料，展示企业经济业务涉及的单、证、票、章等，让学生增强感性认识；大量真实的原始凭证贯穿本实训教材，使学生既进行了会计基本业务的处理，又了解了企业真实的业务内容。(2)岗位特色鲜明，贴近实际，贴近岗位工作，强化具体会计岗位工作的实际操作，以岗位工作所需的技能作为训练目标，着重突出学生职业素质与岗位能力的培养。(3)强化业务的操作能力，针对岗位内容，学生可根据提供的资料实际填制必备的原始凭证，为毕业后的实际会计工作业务操作奠定基础。

本实训教材为高职高专院校会计、财务管理、审计、投资理财、财政、税收专业，以及管理类其他专业学生学习财务会计的教材。

本实训教材由保定职业技术学院崔喜元教授和杨靖副教授任主编，保定职业技术学院张秀倩副教授和李红梅副教授，以及巴音郭楞职业技术学院刘明欣副教授任副主编。具体编写分工如下：崔喜元教授编写第二、八岗位实训，张秀倩副教授编写第六、七岗位实训，李红梅副教授编写第一、三岗位实训，刘明欣副教授编写第四岗位实训，杨靖副教授编写第五、九岗位实训。巴音郭楞职业技术学院张波老师参与本教材部分内容的编写。崔喜元教授总篡定稿。

在本书编写过程中,得到中国经济出版社、银行和企业的大力支持,在此表示衷心感谢!

由于编者水平所限,书中难免存在不足之处,恳请各位专家、同行和广大读者批评指正。

编　者

2011 年 4 月

目录

实训一　出纳岗位核算实训 / 1

实训二　往来岗位核算实训 / 41

实训三　存货岗位核算实训 / 71

实训四　资产岗位核算实训 / 109

实训五　投资岗位核算实训 / 137

实训六　筹资岗位核算实训 / 153

实训七　职工薪酬岗位核算实训 / 181

实训八　收入、费用、利润岗位核算实训 / 193

实训九　总账报表岗位实训 / 219

实训一　出纳岗位核算实训

一、岗位职责

1. 办理现金收付和银行结算业务

按照国家法令和财务制度及现金管理条例的有关规定，对经有关人员审批后的合法的收支凭证，办理收支手续。对违反财务制度的收支业务，有权拒绝办理，并及时向单位领导报告。

2. 登记现金和银行存款日记账

根据收付原始凭证及时登记银行存款日记账和现金日记账，做到日结日清，账款相符，不出差错，每月定期与会计结算。出纳人员不得兼管收入、费用、债权、债务账簿的登记工作以及稽核工作和会计档案保管工作。

3. 保管库存现金和各种有价证券

妥善保管现金和各种有价证券，确保资金的安全和不受损失，不得将公款擅自借与私人或移作他用，不准公款私存、不准白条抵库，库存现金不得超过规定限额，库存现金超过限额发生意外事故，一切损失由责任人负责赔偿，并应每天盘点库存现金。

4. 保管有关印章、空白收据和空白支票

保管好有关印鉴章、密码器、空白收据、空白支票及其他有关空白凭证，严格按制度规定进行管理，按规定用途使用。

二、实训目的

教学目标：通过实训操作，使实验者掌握出纳工作相关的基础知识、银行结算的特点、各种结算凭证的填写及结算程序，正确登记日记账，最终理解和掌握出纳核算工作岗位的工作目标。

能力目标：能理解原始凭证的来源并能正确填制部分原始凭证，会填制各种结算凭证，如支票、收据、增值税专用发票等。正确登记日记账。

知识目标：掌握现金管理和银行结算制度，填制各种结算凭证，如支票、收据、增值税专用发票、收料单和各种银行结算凭证等，办理日常的转账结算工作。

三、模拟企业概况

企业名称：保平市祥云有限责任公司

单位地址：保平市新一区平安大街 555 号

法人代表：李榛杨
财务负责人：张颖
出纳：王佳
会计：赵丹
主管会计：王帆
税务登记类型：一般纳税人企业
开户银行：中国银行平安支行　　　　　行号 6608
账号：16030058576834527
税务登记号：350603001112348
联系电话：0312-50506666

四、实训材料准备

账簿：现金日记账、银行存款日记账。

记账凭证：现金收款凭证、现金付款凭证、银行收款凭证、银行付款凭证、转账凭证；记账凭证封皮。

工具：蓝（黑）红色签字笔、算盘、计算器、个人名章、夹子、尺子、刀子、胶水、曲别针。

五、实训要求

1. 填写有关空白原始凭证
2. 根据原始凭证编制记账凭证
3. 登记现金日记账和银行存款日记账
4. 对账

六、实训资料

该公司 2010 年 3 月初，现金日记账余额 800.00 元，银行存款日记账余额 1 800 000.00 元。3 月份经济业务如下：

1. 3 月 1 日，从银行提取现金 5 000 元备用。原始凭证见附件 1-1。

附件 1-1

中国银行
现金支票存根
10401320
00566331
附加信息

出票日期 年 月 日

收款人：
金 额：
用 途：

单位主管： 会计：

2. 3 月 1 日，销售科李丁到南海开会，预借差旅费 4 000 元，出纳员王佳以现金付讫。原始凭证见附件 1-2。

附件 1-2

借 款 单

2010 年 3 月 1 日　　　　字第 01 号

借款人	李丁		借款事由	出差开会	
所属部门	销售科				
借款金额 人民币（大写）	肆仟元整		核准金额	人民币（大写） 肆仟元整	
审批意见：情况属实，同意借款 王刚 2010 年 3 月 1 日		归还期限	3 月 6 日	归还方式	

会计主管：　　复核：　　出纳：王 佳

3. 3 月 1 日，生产车间张丹交来违规罚款 50 元，出纳员王佳收讫。原始凭证见附件 1-3。

附件 1-3

现金收款收据

年 月 日　　　　№ 1200121

收款单位		交款单位		金额								
				百	十	万	千	百	十	元	角	三 记账联
金额（大写）												
事由				备注：								

会计主管：　　收款人：　　制单：

4. 3 月 2 日，以银行存款缴纳上月的增值税。原始凭证见附件 1–4。

附件 1–4

中华人民共和国
税收电子转账专用完税证

注册类型：　　　　填发日期：2010 年 3 月 2 日　　　　征收机关：国税局

税务登记代码	130603001112348		地址	保平市新一区平安大街 555 号		
纳税人全称	保平市祥云有限责任公司		税款所属时期	2010 年 2 月 1 日 – 2010 年 2 月 29 日		
税种	品目名称	课税数量	计税金额或销售收入	税率或单位税额	已缴或扣除数	实缴金额
增值税						3 000.00
合计金额	（大写）叁仟元整				¥3 000.00	
税务机关（盖章）	委托代征单位（盖章）		填票人（盖章）	备注		

此凭证仅作为纳税人完税凭证

5. 3 月 2 日，以银行存款支付红阳广告公司产品广告费 150 000 元。原始凭证见附件 1–5–1 和附件 1–5–2。

附件 1–5–1

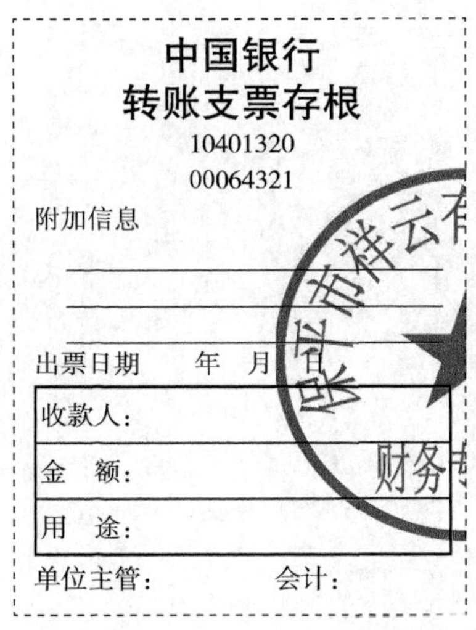

中国银行
转账支票存根
10401320
00064321

附加信息

出票日期　　年　月　日

收款人：

金　额：

用　途：

单位主管：　　　　会计：

附件 1-5-2

保平市广告业专用发票

No0024886

客户名称：保平市祥云有限责任公司 2010 年 3 月 2 日

项目	单位	数量	单价	金额									
				千	百	十	万	千	百	十	元	角	分
产品广告费						1	5	0	0	0	0	0	0
					¥	1	5	0	0	0	0	0	0
合计（大写）壹拾伍万元整								¥ 150 000.00					

开票单位：红阳广告公司　　　　　　　　　　开票人：李雨

6. 2010 年 3 月 3 日，支付财会人员继续教育培训费 6 000 元。原始凭证见附件 1-6-1 和附件 1-6-2。

附件 1-6-1

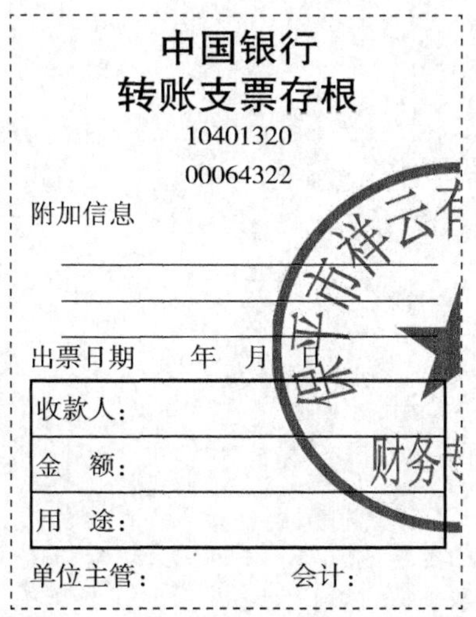

中国银行
转账支票存根
10401320
00064322
附加信息

出票日期　　年　月　日

收款人：
金　额：
用　途：

单位主管：　　　会计：

附件 1-6-2

收款收据（三联单）

第二联：收款收据　　2010 年 3 月 3 日　　第 23 号

<table>
<tr><td>交款单位
或交款人</td><td>保平市祥云有限责任公司</td><td>收款
方式</td><td>转账支票</td></tr>
<tr><td colspan="3">事由 财会培训费

人民币（大写）陆仟元整　　¥6 000.00</td><td>备注：</td></tr>
</table>

收款单位（盖章）：　　收款人（签章）：李明

7. 2010 年 3 月 4 日，办公室用现金 300 元购买办公用品。原始凭证见附件 1-7。

附件 1-7

商品销售统一发票

客户名称及地址：保平市祥云有限责任公司　　2010 年 3 月 4 日

<table>
<tr><td rowspan="2">品名规格</td><td rowspan="2">单位</td><td rowspan="2">数量</td><td rowspan="2">单价</td><td colspan="8">金额</td></tr>
<tr><td>千</td><td>百</td><td>十</td><td>万</td><td>千</td><td>百</td><td>十</td><td>元</td><td>角</td><td>分</td></tr>
<tr><td>笔记本</td><td>本</td><td>50</td><td>3.00</td><td></td><td></td><td></td><td></td><td></td><td>1</td><td>5</td><td>0</td><td>0</td><td>0</td></tr>
<tr><td>碳素笔</td><td>支</td><td>150</td><td>1.00</td><td></td><td></td><td></td><td></td><td></td><td>1</td><td>5</td><td>0</td><td>0</td><td>0</td></tr>
<tr><td>合计</td><td></td><td></td><td>300.00</td><td></td><td></td><td></td><td></td><td>¥</td><td>3</td><td>0</td><td>0</td><td>0</td><td>0</td></tr>
<tr><td colspan="14">合计金额（大写）叁佰元整　　¥300.00</td></tr>
</table>

填票人：　　收款人：张希　　单位名称：（章）

8. 2010 年 3 月 5 日，向新世纪公司购入甲材料 10 吨，每吨 4 000 元，货款 40 000 元，增值税为 6 800 元，开出转账支票付款，材料验收入库。原始凭证见附件 1-8-1、附件 1-8-2、附件 1-8-3 和附件 1-8-4。

附件 1-8-1

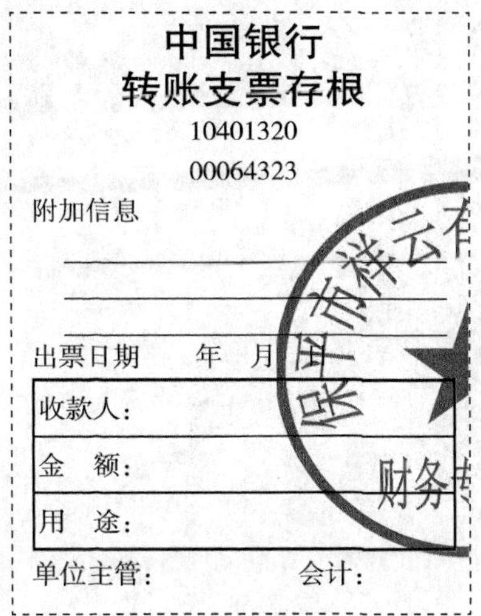

中国银行
转账支票存根
10401320
00064323

附加信息

出票日期　　年　月　日

收款人：
金　额：
用　途：

单位主管：　　　　会计：

附件 1-8-2

1300201230　　**河北增值税专用发票**　　№ 00302285

此联不做报税、扣税凭证使用　开票日期：2010 年 3 月 5 日

购货单位	名称：保平市祥云有限责任公司 纳税人识别号：350603001112348 地址、电话：保平市新一区平安大街 555 号 0312-50506666 开户行及账号：中国银行平安支行 16030058576834527					密码区	略
货物或应税劳务名称	规格型号	单位	数量	单价	金额	税率	税额
甲材料		吨	10	4 000.00	40 000.00	17%	6 800.00
合　计			10		40 000.00		6 800.00
价税合计（大写）	肆万陆仟捌佰元整				（小写）¥ 46 800.00		
销货单位	名称：新世纪公司 纳税人识别号：130601665482845 地址、电话：保平市南市区　0312-3225045 开户行及账号：中国银行保平分行 846116058358494005					备注	

收款人：张辉　　　复核：　　　开票人：王刚　　　销货单位：（章）

第二联：发票联　购货方记账凭证

附件 1–8–3

1300201230 河北增值税专用发票 № 00302285

国家税务局监制

开票日期：2010 年 3 月 5 日

购货单位	名称：保平市祥云有限责任公司 纳税人识别号：350603001112348 地址、电话：保平市新一区平安大街 555 号 0312–50506666 开户行及账号：中国银行平安支行 16030058576834527					密码区	略
货物或应税劳务名称	规格型号	单位	数量	单价	金额	税率	税额
甲材料		吨	10	4 000.00	40 000.00	17%	6 800.00
合计			10		40 000.00		6 800.00
价税合计（大写）	肆万陆仟捌佰元整				（小写）¥ 46 800.00		
销货单位	名称：新世纪公司 纳税人识别号：130601665482845 地址、电话：保平市南市区 0312–3225045 开户行及账号：中国银行保平分行 846116058358494005					备注	

收款人：张辉 复核： 开票人：王刚 销货单位：（章）

第三联：抵扣联 购货方扣税凭证

新世纪公司 财务专用章

附件 1–8–4

保平市祥云有限责任公司材料入库单

供应单位：新世纪公司

发票号：10016 2010 年 3 月 5 日 第 1 号

材料类别	材料名称	规格材质	计量单位	应收数量	实收数量	单价	金额								
							百	十	万	千	百	十	元	角	分
	甲		吨	10	10	4 000			4	0	0	0	0	0	0
检验结果：合格 检验员签章：				运杂费											
				合计				¥	4	0	0	0	0	0	0
备注															

仓库： 会计： 收料员：张名 制单：

9. 3 月 8 日，销售科职工李丁出差回来报销差旅费。原始凭证见附件 1–9–1 和附件 1–9–2。

附件 1-9-1

差旅费报销单

姓名	李丁	事由		开会			出差日期 2010.3.1 领款人：李丁 2010 年 3 月 8 日
往返地点	由 保平 至 南海						
项目	单据张数	金额	项目	天数	补助标准	金额	
火车票	2	760.00	路途补助	5	90.00	450.00	
汽车票			住勤补助				
住宿费	1	800.00					领导批示 王刚 2010 年 3 月 8 日
其他		990.00					
小计		2 550.00				450.00	
	共计人民币（大写）：叁仟元整						

附件 1-9-2

现金收款收据

年 月 日 № 1200122

收款单位		交款单位		金额								
				百	十	万	千	百	十	元	角	分
金额（大写）												
事由				备注：								

三 记账联

会计主管： 收款人： 制单：

10. 3 月 9 日收到三洋公司包装物押金 1 600 元，出纳员收讫。原始凭证见附件 1-10。

附件 1-10

现金收款收据

年　月　日　　　　№ 1200123

<table>
<tr><td rowspan="2">收款单位</td><td rowspan="2"></td><td rowspan="2">交款单位</td><td rowspan="2"></td><td colspan="9">金额</td></tr>
<tr><td>百</td><td>十</td><td>万</td><td>千</td><td>百</td><td>十</td><td>元</td><td>角</td><td>分</td></tr>
<tr><td>金额
（大写）</td><td colspan="3"></td><td></td><td></td><td></td><td></td><td></td><td></td><td></td><td></td><td></td></tr>
<tr><td>事由</td><td colspan="3"></td><td colspan="9">备注：</td></tr>
</table>

三 记账联

会计主管：　　　　收款人：　　　　制单：

11. 3 月 10 日，从银行提取现金 3 000 元，购买工作服。原始凭证见附件 1-11。

附件 1-11

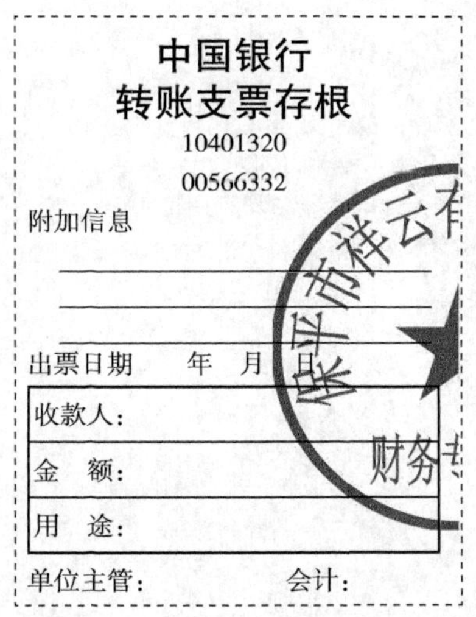

中国银行
转账支票存根
10401320
00566332

附加信息

出票日期　年　月　日

收款人：
金　额：
用　途：

单位主管：　　　　会计：

12. 3 月 10 日，以现金购买生产车间工人的工作服 60 件。原始凭证见附件 1-12。

附件 1–12

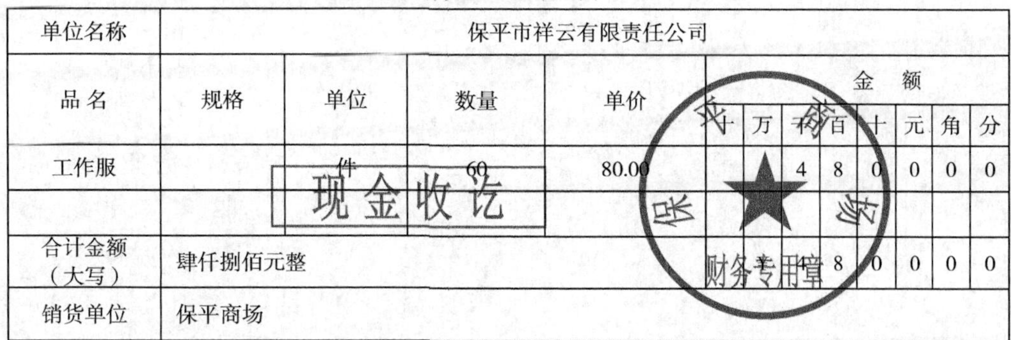

保平市商业销售发票

开票日期：2010 年 3 月 10 日

单位名称	保平市祥云有限责任公司											
品 名	规格	单位	数量	单价	金额							
					十	万	千	百	十	元	角	分
工作服		件	60	80.00			4	8	0	0	0	0
合计金额（大写）	肆仟捌佰元整					¥	4	8	0	0	0	0
销货单位	保平商场											

开票人：张晓　　　　收款人：李荣

13. 3 月 11 日，支付外地专设销售机构经费 80 000 元，款项通过银行电汇。原始凭证见附件 1–13–1 和附件 1–13–2。

附件 1–13–1

中国银行电汇凭证（回单）　　1

□普通　　□加急　　委托日期　2010 年 3 月 11 日

汇款人	全 称	保平市祥云有限责任公司	收款人	全 称	保平市祥云唐山销售公司
	账 号	16030058576834527		账 号	36995875036402118
	汇出地点	河北 省 保平 市/县		汇入地点	河北 省 唐山 市/县
汇出行名称		中国银行平安支行	汇入行名称		中国银行五四分行

金额	人民币（大写）捌万元整	千	百	十	万	千	百	十	元	角	分
				¥	8	0	0	0	0	0	0

	支付密码　略
	附加信息及用途：办公经费
汇出行签章	复核　记账

此联汇出行给汇款人的回单

附件 1-13-2

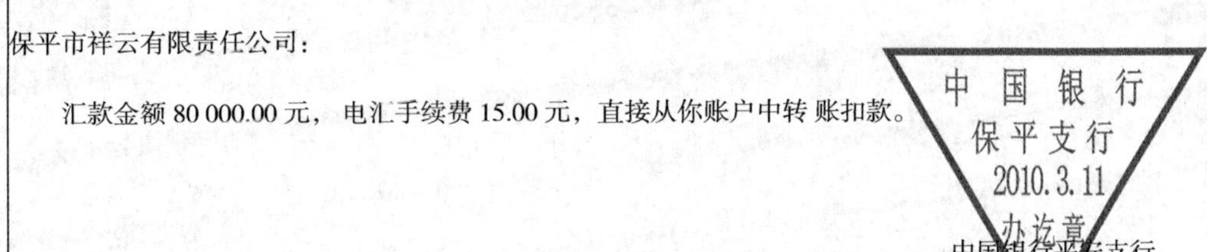

中国银行电汇手续费凭单

2010 年 3 月 11 日

保平市祥云有限责任公司：

汇款金额 80 000.00 元，电汇手续费 15.00 元，直接从你账户中转 账扣款。

中国银行平安支行
2010 年 3 月 11 日

14. 3 月 13 日，用银行存款向机电公司购入一台不需要安装的机床，价款 100 000 元，增值税 17 000 元，验收后当月投入使用。原始凭证见附件 1-14-1、附件 1-14-2、附件 1-14-3 和附件 1-14-4。

附件 1-14-1

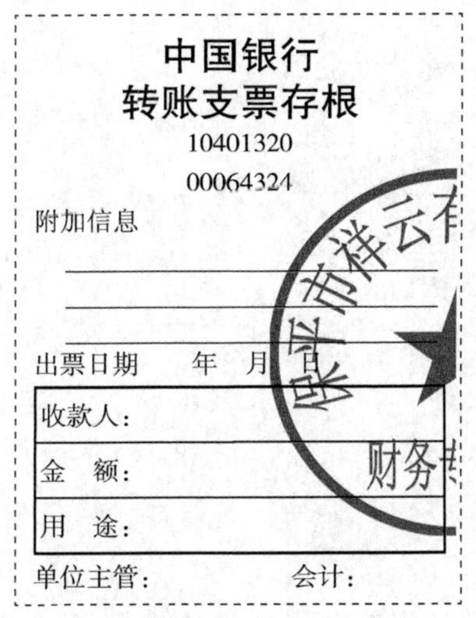

中国银行
转账支票存根
10401320
00064324

附加信息

出票日期　　年　月　日

收款人：
金　额：
用　途：

单位主管：　　　　会计：

附件 1-14-2

1300201230　　**河北增值税专用发票**　　№ 00303286

此联不做报税、扣税凭证使用　开票日期：2010 年 3 月 13 日

购货单位	名　　称：保平市祥云有限责任公司 纳税人识别号：350603001112348 地址、电话：保平市新一区平安大街 555 号 0312-50506666 开户行及账号：中国银行平安支行 16030058576834527					密码区	略	
货物或应税劳务名称	规格型号	单位	数量	单价	金额	税率	税额	
机床		台	1	100 000.00	100 000.00	17%	117 000.00	
合　计					100 000.00		117 000.00	
价税合计（大写）	壹拾壹万柒仟元整			（小写）¥ 117000.00				
销货单位	名　　称：机电公司 纳税人识别号：130601665482845 地址、电话：保平市新市区　0312-3225045 开户行及账号：中国银行长城分行 846116058358494005					备注		

收款人：张辉　　复核：　　开票人：张翔　　销货单位：（章）

第二联：发票联　购货方记账凭证

附件 1-14-3

1300201230　　**河北增值税专用发票**　　00303286

开票日期：2010 年 3 月 13 日

购货单位	名　　称：保平市祥云有限责任公司 纳税人识别号：350603001112348 地址、电话：保平市新一区平安大街 555 号 0312-50506666 开户行及账号：中国银行平安支行 160300585768345277					密码区	略	
货物或应税劳务名称	规格型号	单位	数量	单价	金额	税率	税额	
机床		台	1	100 000.00	100 000.00	17%	117 000.00	
合　计					100 000.00		117 000.00	
价税合计（大写）	壹拾壹万柒仟元整			（小写）¥ 117 000.00				
销货单位	名　　称：机电公司 纳税人识别号：130601665482845 地址、电话：保平市新市区　0312-3225045 开户行及账号：中国银行长城分行 846116058358494005					备注		

收款人：张辉　　复核：　　开票人：张翔　　销货单位：（章）

第三联：抵扣联　购货方扣税凭证

附件 1–14–4

固定资产验收单

2010 年 3 月 13 日　　　　编号 6

名称	规格型号		来源	数量	购（造）价	使用年限	预计残值
车床	210–55		购入	1	100 000.00 元	10	1 000
安装费	月折旧率		建造单位		交工日期	附件	
					2010 年 1 月 1 日		
验收部门	王力	验收人员	刘天	管理部门	赵川	管理人员	钱亮
备注							

15. 3 月 15 日，以银行存款向希望工程捐款 30 000 元。原始凭证见附件 1–15–1 和附件 1–15–2。

附件 1–15–1

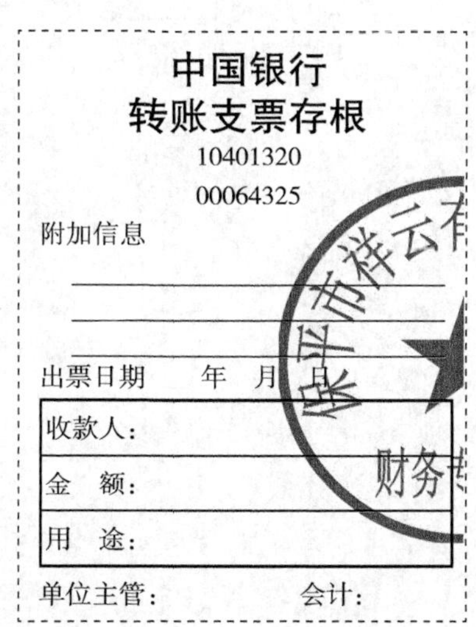

中国银行
转账支票存根
10401320
00064325
附加信息

出票日期　　年　月　日

收款人：
金　额：
用　途：

单位主管：　　　　会计：

附件 1–15–2

河北省行政事业单位资金往来结算票据

付款单位：保平市祥云有限责任公司　　2010 年 3 月 15 日　　NO 1259200

收款项目	数量	十	万	千	百	十	元	角	分
希望工程捐款			3	0	0	0	0	0	0
合计金额（大写）	叁万元整	¥30 000.00							

收款单位（盖章）：　　复核：　　收款人：李荣

16. 3 月 23 日，采购员张帅外出采购材料预借差旅费 2 000 元，经本部门领导刘元批示同意，出纳员王佳以现金付讫，预计还款日期为 3 月 26 日，出差回来及时报账。原始凭证见附件 1–16。

附件 1–16

借　款　单

2010 年 3 月 23 日　　字第 02 号

<table>
<tr><td>借款人</td><td colspan="2">张帅</td><td rowspan="2">借款事由</td><td colspan="2" rowspan="2">采购材料</td></tr>
<tr><td>所属部门</td><td colspan="2">销售科</td></tr>
<tr><td>借款金额
人民币（大写）</td><td colspan="2">贰仟元整</td><td>核准金额</td><td colspan="2">人民币
（大写）贰仟元整</td></tr>
<tr><td colspan="2">审批意见：情况属实，同意借款
刘元
2010 年 3 月 23 日</td><td>归还期限</td><td>3 月 26 日</td><td>归还方式</td><td></td></tr>
</table>

会计主管：　　复核：　　出纳：王佳

17. 3 月 23 日，从银行提取现金 2 000 元备用。原始凭证见附件 1–17。

附件 1–17

中国银行
现金支票存根
10401320
00566333

附加信息

出票日期　年　月　日

收款人：
金　额：
用　途：

单位主管：　会计：

18. 3 月 24 日，办理银行汇票一张，面值 500 000 元。原始凭证见附件 1–18–1 和附件 1–18–2。

附件 1-18-1

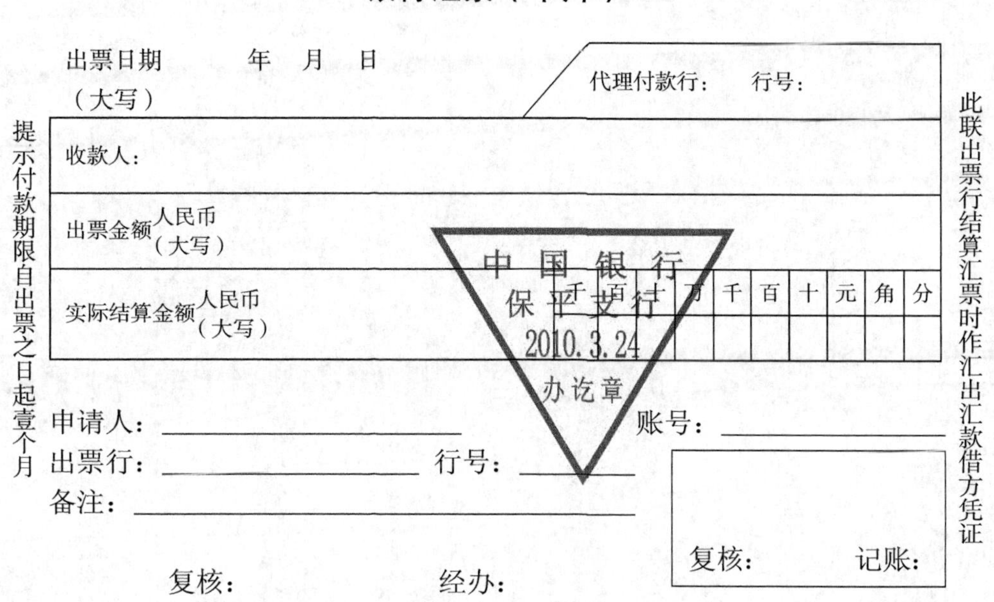

中国银行

银行汇票（卡片） 1

10400042

01120001

出票日期（大写） 年 月 日

代理付款行： 行号：

提示付款期限自出票之日起壹个月

收款人：										
出票金额 人民币（大写）										
实际结算金额 人民币（大写）	千	百	十	万	千	百	十	元	角	分

中国银行 保平支行 2010.3.24 办讫章

申请人：＿＿＿＿ 账号：＿＿＿＿

出票行：＿＿＿＿ 行号：＿＿＿＿

备注：＿＿＿＿

复核： 记账：

复核： 经办：

此联出票行结算汇票时作汇出汇款借方凭证

附件 1-18-2

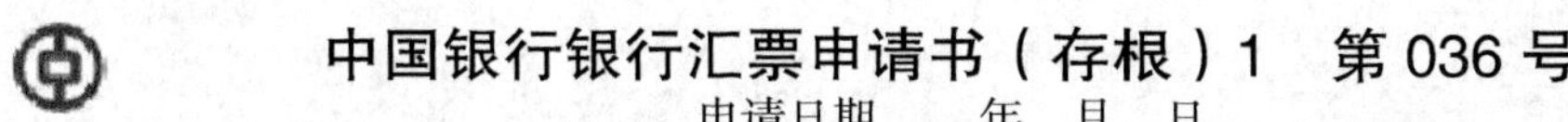

中国银行银行汇票申请书（存根）1 第 036 号

申请日期 年 月 日

申请人		收款人										
账号		账号										
用途		代理付款行										
汇票金额	人民币（大写）		千	百	十	万	千	百	十	元	角	分

中国银行保平支行 业务专用

备注：

科目

对方科目

财务主管 复核 经办

19. 3 月 25 日，以银行汇票结算购买原材料，材料已验收入库。原始凭证见附件 1-19-1、附件 1-19-2 和附件 1-19-3。

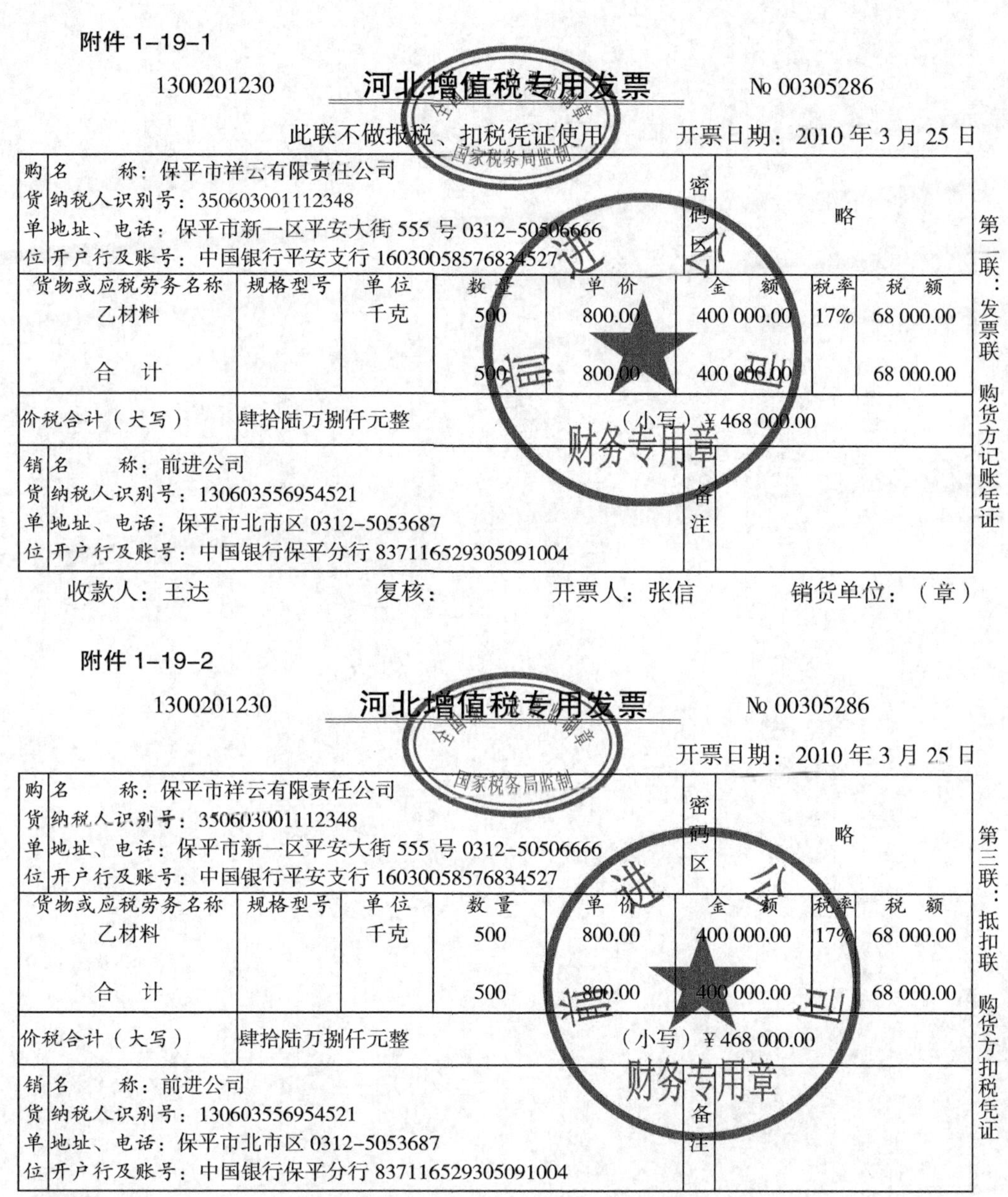

附件 1-19-1

1300201230　　**河北增值税专用发票**　　№ 00305286

此联不做报税、扣税凭证使用　　开票日期：2010 年 3 月 25 日

购货单位	名　　称：保平市祥云有限责任公司 纳税人识别号：350603001112348 地址、电话：保平市新一区平安大街 555 号 0312-50506666 开户行及账号：中国银行平安支行 16030058576834527					密码区	略
货物或应税劳务名称	规格型号	单位	数量	单价	金额	税率	税额
乙材料		千克	500	800.00	400 000.00	17%	68 000.00
合　计			500	800.00	400 000.00		68 000.00
价税合计（大写）	肆拾陆万捌仟元整				（小写）¥ 468 000.00		
销货单位	名　　称：前进公司 纳税人识别号：130603556954521 地址、电话：保平市北市区 0312-5053687 开户行及账号：中国银行保平分行 837116529305091004					备注	

收款人：王达　　复核：　　开票人：张信　　销货单位：（章）

第二联：发票联　购货方记账凭证

附件 1-19-2

1300201230　　**河北增值税专用发票**　　№ 00305286

开票日期：2010 年 3 月 25 日

购货单位	名　　称：保平市祥云有限责任公司 纳税人识别号：350603001112348 地址、电话：保平市新一区平安大街 555 号 0312-50506666 开户行及账号：中国银行平安支行 16030058576834527					密码区	略
货物或应税劳务名称	规格型号	单位	数量	单价	金额	税率	税额
乙材料		千克	500	800.00	400 000.00	17%	68 000.00
合　计			500	800.00	400 000.00		68 000.00
价税合计（大写）	肆拾陆万捌仟元整				（小写）¥ 468 000.00		
销货单位	名　　称：前进公司 纳税人识别号：130603556954521 地址、电话：保平市北市区 0312-5053687 开户行及账号：中国银行保平分行 837116529305091004					备注	

收款人：王达　　复核：　　开票人：张信　　销货单位：（章）

第三联：抵扣联　购货方扣税凭证

附件 1–19–3

保平市祥云有限责任公司材料入库单

供应单位：前进公司

发票号：10056　　2010 年 3 月 25 日　　第 2 号

材料类别	材料名称	规格材质	计量单位	应收数量	实收数量	单价	金额								
							百	十	万	千	百	十	元	角	分
	乙		千克	500	500	800		4	0	0	0	0	0	0	0
检验结果：合格 检验员签章：（　）				运杂费											
				合计			¥	4	0	0	0	0	0	0	0
备注															

仓库：　　会计：　　收料员：张名　　制单：

20. 3 月 26 日，张帅出差回来报销差旅费。原始凭证见附件 1–20–1 和附件 1–20–2。

附件 1–20–1

差旅费报销单

姓名	张帅		事由		采购材料		出差日期 2010.3.23 领款人：张帅 2010 年 3 月 26 日
往返地点	由 保平 至 安溪						
项目	单据张数	金额	项目	天数	补助标准	金额	
火车票	2	530.00	路途补助	5	120.00	600.00	
汽车票			住勤补助				
住宿费	1	400.00					领导批示 刘元 2010 年 3 月 26 日
其他		500.00					
小计		1 430.00				600.00	
	共计人民币（大写）：贰仟零叁拾元整						

附件 1-20-2

现金收款收据

年　月　日　　　　№ 1200125

收款单位		交款单位		金额								
				百	十	万	千	百	十	元	角	分
金额（大写）												
事由				备注：								

会计主管：　　　　收款人：　　　　制单：

三 记账联

21. 3 月 29 日，购买支票一本，原始凭证见附件 1-21-1 和附件 1-21-2。

附件 1-21-1

中国银行
BANK OF CHINA

户名：保平市祥云有限责任公司　　　　交易日期：2010/3/30

扣费账户：16030058576834527

费用名称：	货币	费用金额	优惠金额	实收金额
支票费用：	CNY	20.00	0.00	20.00
合计金额：	CNY	20.00	0.00	20.00

合计实收金额：CNY20.00

凭证类型：　　　　凭证号码：

核准　　经办：6350370　　交易流水：00096460　　交易机构：02000

中国银行股份有限公司保平市支行 2010.3.30 转讫 (5)

第二联　客户留存

附件 1-21-2

中国银行
BANK OF CHINA

交易名称：出售支票

交易代码：00802

账号：16030058576834527

户名：保平市祥云有限责任公司

开户行：中国银行保平支行

凭证类型：3003

凭证名称：转账支票

凭证起止号：0575801-0575825

核准　　经办：6350370　　交易流水：00096460　　交易机构：02000

第二联　客户留存

22. 3 月 30 日，收回银行汇票多余款项。原始凭证见附件 1-22。

附件 1-22

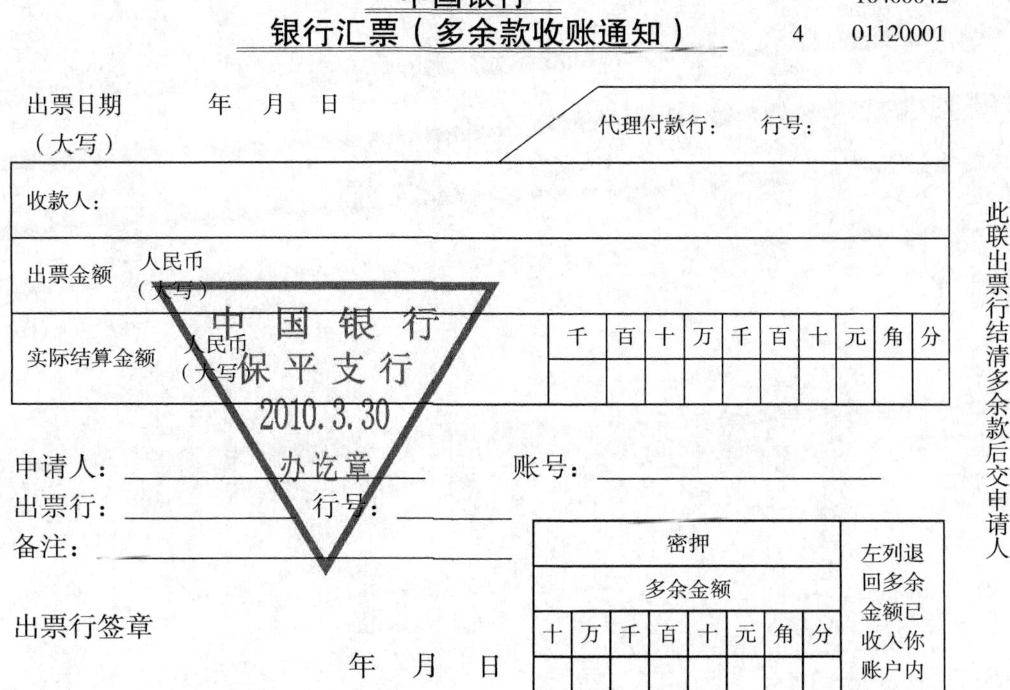

中国银行　　10400042

银行汇票（多余款收账通知）　4　01120001

出票日期（大写）　年　月　日　　代理付款行：　行号：

收款人：											
出票金额	人民币（大写）										
实际结算金额	人民币（大写）	千	百	十	万	千	百	十	元	角	分

申请人：　账号：

出票行：　行号：

备注：

出票行签章

年　月　日

密押								左列退回多余金额已收入你账户内
多余金额								
十	万	千	百	十	元	角	分	

中国银行 保平支行 2010.3.30 办讫章

此联出票行结清多余款后交申请人

23.3 月 31 日，结算银行存款利息。原始凭证见附件 1-23。

附件 1-23

中国银行存款利息清单

2010 年 3 月 31 日

户名	保平市祥云有限责任公司		账号	16030058576834527	
计息项目	起息日	结息日	本金	利率	利息
	2010.1.1	2010.3.31			886.00
人民币（大写）捌佰捌拾陆元整					￥886.00
上列存款利息，已照收你单位 16030058576834527 账户。		银行签章			

中国银行 保平支行 2010.3.31 办讫章

主管：　授权：　复核：　录入：

实训二 往来岗位核算实训

一、岗位职责

1. 建立往来款项结算手续制度

要建立在购销业务中产生的暂收、暂付、应收、应付、其他应收、其他应付及备用金等往来款项的结算手续制度。加强管理，及时结算，以保证资金的有效安全流动。

2. 办理往来款项的结算业务

对产生的各项应收及应付款项应及时索回及偿付，对于确实无法收回和无法支付的款项应查明原因，按规定及时处理。

3. 负责往来款项结算的明细核算

经济交易中产生的债权人与债务人，按单位或个人分别设置明细账，按发生的顺序逐笔登记。

4. 及时对账，定期分析债权与债务目前的存在的问题，及时处理

应及时登记总账与明细账，并进行核对，对明细账加以分析评价，如发现不良信息应及时上报并解决。

二、实训目的

教学目标：通过实训操作，使实验者了解往来核算岗位的业务类型及处理方法。

能力目标：能理解原始凭证的来源并能正确填制部分原始凭证，依据原始凭证和记账凭证登记明细账，会核对账簿。

知识目标：理解和掌握往来核算岗位的结算手续制度，填制各种结算凭证，如委托收款、托收承付等结算凭证，办理日常的转账结算工作。

三、模拟企业概况

企业名称：保平市祥云有限责任公司

单位地址：保平市新一区平安大街 555 号

法人代表：李榛杨

财务负责人：张颖

出纳：王佳
会计：赵丹
主管会计：王帆
税务登记类型：一般纳税人企业
开户银行：中国银行平安支行　　行号 6608
账号：16030058576834527
税务登记号：350603001112348
联系电话：0312-50506666

四、实训材料准备

账簿：三栏式明细账页。

记账凭证：现金收款凭证、现金付款凭证、银行收款凭证、银行付款凭证、转账凭证。

工具：蓝（黑）红色签字笔、算盘、计算器、个人名章、夹子、尺子、刀子、胶水、曲别针。

五、实训要求

1. 填写有关空白原始凭证
2. 根据原始凭证编制记账凭证
3. 登记往来明细账户，定期与总账核对
4. 分析债权及债务金额的大小对企业资金运用的影响

六、实训资料

债权债务账户明细余额表

2010 年 7 月 31 日　　单位：元

总账科目	明细科目	期末借方余额	期末贷方余额
应收账款	新保公司	85 000.00	
	万成公司	47 000.00	
其他应收款	李伟	3 000.00	
应收票据	银行承兑汇票（大力公司）	280 000.00	
预付账款	新世纪公司	120 000.00	
应付账款	大连公司		53 000.00
	威海公司		160 000.00
应付票据	银行承兑汇票（广源公司）		80 000.00
预收账款	昌盛公司		66 000.00

2010 年 8 月经济业务如下：

1. 8 月 1 日，李伟出差回来报销差旅费。原始凭证见附件 2–1–1 和附件 2–1–2。

附件 2–1–1

<table>
<tr><td colspan="8">差旅费报销单</td></tr>
<tr><td>姓名</td><td colspan="2">李伟</td><td colspan="2">事由</td><td colspan="2">采购</td><td>出差日期 2010.7.26</td></tr>
<tr><td>往返地点</td><td colspan="6">由 保平 至 海疆</td><td rowspan="5">领款人：李伟

2010 年 8 月 1 日</td></tr>
<tr><td>项目</td><td>单据张数</td><td>金额</td><td>项目</td><td>天数</td><td>补助标准</td><td>金额</td></tr>
<tr><td>火车票</td><td>4</td><td>1 440.00</td><td>路途补助</td><td>6</td><td>80.00</td><td>480.00</td></tr>
<tr><td>汽车票</td><td></td><td></td><td>住勤补助</td><td></td><td></td><td></td></tr>
<tr><td>住宿费</td><td>1</td><td>600.00</td><td></td><td></td><td></td><td></td></tr>
<tr><td>其他</td><td></td><td>240.00</td><td></td><td></td><td></td><td></td><td rowspan="4">领导批示
王彭亮

2010 年 8 月 1 日</td></tr>
<tr><td>小计</td><td></td><td>2 280.00</td><td></td><td></td><td></td><td>480.00</td></tr>
<tr><td></td><td></td><td></td><td></td><td></td><td></td><td></td></tr>
<tr><td></td><td colspan="6">共计人民币（大写）：贰仟柒佰陆拾元整</td></tr>
</table>

附件 2–1–2

现金收款收据

年 月 日 № 1200321

<table>
<tr><td rowspan="2">收款单位</td><td rowspan="2"></td><td rowspan="2">交款单位</td><td rowspan="2"></td><td colspan="9">金额</td></tr>
<tr><td>百</td><td>十</td><td>万</td><td>千</td><td>百</td><td>十</td><td>元</td><td>角</td><td>分</td></tr>
<tr><td>金额
（大写）</td><td colspan="3"></td><td></td><td></td><td></td><td></td><td></td><td></td><td></td><td></td><td></td></tr>
<tr><td>事由</td><td colspan="3"></td><td colspan="9">备注：</td></tr>
</table>

三 记账联

会计主管： 收款人： 制单：

2. 8 月 3 日，收到新保公司前欠货款 50 000 元，已存入银行。原始凭证见附件 2–2–1 和附件 2–2–2。

附件 2-2-1

中国银行进账单（收账通知）

2010 年 8 月 3 日

出票人	全称	新保公司	收款人	全称	保平市祥云有限责任公司
	账号	728255874564458656		账号	16030058576834527
	开户银行	中国建设银行保平分行		开户银行	中国银行平安支行
金额	人民币（大写）伍万元整			千 百 十 万 千 百 十 元 角 分	¥ 5 0 0 0 0 0 0
票据种类	转账支票	票据张数	1 张	中国银行保平支行 2010.8.3 办讫章 开户银行签章	

此联是开户银行交给持票人的回单

附件 2-2-2

收款收据（三联单）

第三联：记账联　　　　年　月　日　　　　第 1 号

交款单位或交款人		收款方式	
事由______ 人民币（大写）______　¥______			备注：

收款单位（盖章）：　　　　收款人（签章）：

3. 8 月 5 日，签发银行承兑汇票一张，面值 468 000 元。向前进公司购入乙材料 500 千克，每千克 800 元，材料验收入库。原始凭证见附件 2-3-1、附件 2-3-2、附件 2-3-3 和附件 2-3-4。

附件 2-3-1

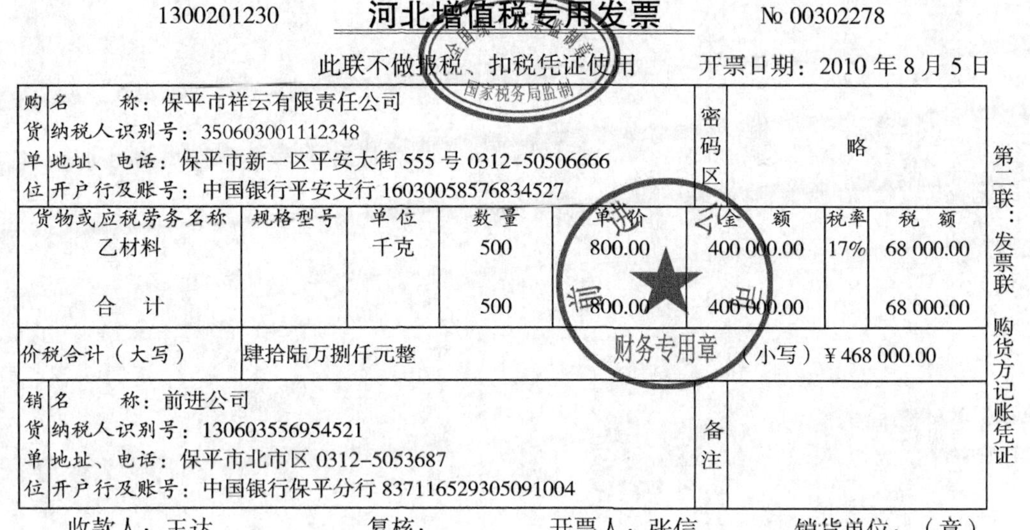

1300201230　　**河北增值税专用发票**　　№ 00302278

此联不做报税、扣税凭证使用　　开票日期：2010 年 8 月 5 日

购货单位	名称：保平市祥云有限责任公司 纳税人识别号：350603001112348 地址、电话：保平市新一区平安大街 555 号 0312-50506666 开户行及账号：中国银行平安支行 16030058576834527	密码区	略

货物或应税劳务名称	规格型号	单位	数量	单价	金额	税率	税额
乙材料		千克	500	800.00	400 000.00	17%	68 000.00
合计			500	800.00	400 000.00		68 000.00
价税合计（大写）	肆拾陆万捌仟元整				（小写）¥ 468 000.00		

销货单位	名称：前进公司 纳税人识别号：130603556954521 地址、电话：保平市北市区 0312-5053687 开户行及账号：中国银行保平分行 83711652930509104	备注	

收款人：王达　　复核：　　开票人：张信　　销货单位：（章）

第二联：发票联　购货方记账凭证

附件 2-3-2

1300201230　　**河北增值税专用发票**　　№ 00302278

开票日期：2010 年 8 月 5 日

购货单位	名称：保平市祥云有限责任公司 纳税人识别号：350603001112348 地址、电话：保平市新一区平安大街 555 号 0312-50506666 开户行及账号：中国银行平安支行 16030058576834527	密码区	略

货物或应税劳务名称	规格型号	单位	数量	单价	金额	税率	税额
乙材料		千克	500	800.00	400 000.00	17%	68 000.00
合计			500	800.00	400 000.00		68 000.00
价税合计（大写）	肆拾陆万捌仟元整				（小写）¥ 468 000.00		

销货单位	名称：前进公司 纳税人识别号：130603556954521 地址、电话：保平市北市区 0312-5053687 开户行及账号：中国银行保平分行 83711652930509104	备注	

收款人：王达　　复核：　　开票人：张信　　销货单位：（章）

第三联：抵扣联　购货方扣税凭证

附件 2-3-3

保平市祥云有限责任公司材料入库单

供应单位：前进公司

发票号：10088　　　　2010 年 8 月 5 日　　　　第 1 号

材料类别	材料名称	规格材质	计量单位	应收数量	实收数量	单价	金额								
							百	十	万	千	百	十	元	角	分
	乙		千克	500	500	800		4	0	0	0	0	0	0	0
检验结果：合格 检验员签章：（　）				运杂费											
				合计			¥	4	0	0	0	0	0	0	0
备注															

仓库：　　　　会计：　　　　收料员：张名　　　　制单：

附件 2-3-4

银行承兑汇票（存根）　3

10400038
02050001

出票日期　　年　月　日
（大写）

出票人全称		收款人	全称	
出票人账号			账号	
付款行全称			开户行	
出票金额	人民币 （大写）			
汇票到期日 （大写）		付款行	行号	
承兑协议编号			地址	
备注：				

中国银行
保平支行
2010.8.5
办讫章

4. 8 月 8 日，销售给夏新公司 A 产品 80 件，售价 500 元 / 件，价款 40 000 元，增值税 6 800 元；B 产品 300 件，售价 600 元 / 件，价款 180 000 元，增值税 30 600 元；C 产品 200 件，售价 400 元 / 件，价款 80 000 元，增值税 13 600 元，办妥委托银行收款手续。原始凭证见附件 2–4–1、附件 2–4–2。

附件 2-4-1

1300201230 **河北增值税专用发票** № 00301087

此联不做报税、扣税凭证使用 开票日期：2010 年 8 月 8 日

购货单位	名　称：夏新公司 纳税人识别号：4563465675443567 地址、电话：邢台市发扬路 163 号 60682733 开户行及账号：建设银行三分行 865876950605095004	密码区	365887478/>+<1248<-< 加密版本：01 *+--457-</148<-22-45 8641516972 *-4-78>879458136845<7+0 14785412 9/92/279>>->98>><1 478131

货物或应税劳务名称	规格型号	单位	数量	单价	金额	税率	税额
A 产品		件	80	500.00	40 000.00	17%	6 800.00
B 产品			300	600.00	180 000.00	17%	30 600.00
C 产品			200	400.00	80 000.00	17%	13 600.00
合　计					300 000.00		¥ 51 000.00
价税合计（大写）	⊗叁拾伍万壹仟元整			（小写）	¥ 351 000.00		

销货单位	名　称：保平市祥云有限责任公司 纳税人识别号：350603001112348 地址、电话：保平市新一区平安大街 555 号 0312-50506666 开户行及账号：中国银行平安支行 16030058576834527	备注	保平市祥云有限责任公司 35066500333 发票专用章

收款人：　　复核：　　开票人：　　销货单位：

第一联：记账联 销货方记账凭证

附件 2-4-2

托收凭证（受 理 回 单）1

委托日期 2010 年 8 月 8 日　　　　付款期限　年　月　日

业务类型	委托收款（□邮划、□电划）　托收承付（□邮划、□电划）				
付款人	全称	夏新公司	收款人	全称	保平市祥云有限责任公司
	账号	865876950605095004		账号	16030058576834527
	地址 开户行	河北 省 邢台 市/县 建设银行三分行		地址 开户行	河北 省 保平 市/县 中国银行平安支行

金额	千	百	十	万	千	百	十	元	角	分
人民币（大写）叁拾伍万壹仟元整		¥	3	5	1	0	0	0	0	0

款项内容	销售产品	托收凭证名称	发货合同	附寄单证张数	略
商品发运情况		合同名称号			

备注： 复核　记账	款项收妥日期 年　月　日	收款人开户银行签章 年　月　日

中国银行 保平支行 2010.8.8 办讫章

此联作收款人开户银行给收款人的受理回单

5. 8月10日，偿还大连公司货款53 000.00元。原始凭证见附件2–5。

附件2–5

中国银行电汇凭证（回单）1

□普通 □加急 委托日期 2010年8月10日

<table>
<tr><td rowspan="3">汇款人</td><td>全称</td><td>保平市祥云有限责任公司</td><td rowspan="3">收款人</td><td colspan="2">全称</td><td colspan="8">大连公司</td></tr>
<tr><td>账号</td><td>16030058576834527</td><td colspan="2">账号</td><td colspan="8">589300893655410860</td></tr>
<tr><td>汇出地点</td><td>河北 省 保平 市/县</td><td colspan="2">汇入地点</td><td colspan="8">辽宁 省 大连 市/县</td></tr>
<tr><td colspan="2">汇出行名称</td><td>中国银行保平支行</td><td colspan="3">汇入行名称</td><td colspan="8">中国银行港湾分行</td></tr>
<tr><td rowspan="2">金额</td><td colspan="2" rowspan="2">人民币（大写）伍万叁仟元整</td><td>千</td><td>百</td><td>十</td><td>万</td><td>千</td><td>百</td><td>十</td><td>元</td><td>角</td><td>分</td></tr>
<tr><td></td><td></td><td>¥</td><td>5</td><td>3</td><td>0</td><td>0</td><td>0</td><td>0</td><td>0</td></tr>
<tr><td colspan="3" rowspan="2">中国银行 保平支行 2010.8.10 办讫章
汇出行签章</td><td colspan="2">支付密码</td><td colspan="8">略</td></tr>
<tr><td colspan="10">附加信息及用途：
复核 记账</td></tr>
</table>

此联汇出行给汇款人的回单

6. 8月11日，采购处李伟出差借款4 000元。原始凭证见附件2–6。

附件2–6

借 款 单

2010年8月11日 字第01号

<table>
<tr><td>借款人</td><td colspan="2">李伟</td><td rowspan="2" colspan="2">借款事由</td><td rowspan="2" colspan="2">采购材料</td></tr>
<tr><td>所属部门</td><td colspan="2">采购处</td></tr>
<tr><td>借款金额人民币（大写）</td><td colspan="2">肆仟元整</td><td colspan="2">核准金额</td><td colspan="2">人民币（大写）肆仟元整</td></tr>
<tr><td colspan="2">审批意见：情况属实，同意借款
李康
2010 年8月11日</td><td>归还期限</td><td colspan="2"></td><td>归还方式</td><td></td></tr>
</table>

会计主管： 复核： 出纳：王佳

7. 8月13日，广源公司的银行承兑汇票到期付款。原始凭证见附件2–7。

附件2–7

托收凭证（付款通知） 5

委托日期 年 月 日 付款期限 年 月 日

业务类型	委托收款（□邮划、□电划） 托收承付（□邮划、□电划）			
付款人 全称	保平市祥云有限责任公司	收款人 全称	广源公司	
付款人 账号	16030058576834527	收款人 账号	8576836030051236	
付款人 地址 开户行	河北 省 保平 市/县	收款人 地址 开户行	河北 省 平原 市/县	
金额	人民币（大写）捌万元整	千百十万千百十元角分	¥ 8 0 0 0 0 0 0	
款项内容	购货款	托收凭证名称	银行承兑汇票	附寄单证张数 略
商品发运情况		合同名称号		
备注：付款人开户银行收到日期 2010年8月13日 复核 记账		付款人开户银行签章 2010年8月13日	付款人注意：1. 根据支付结算办法，上列委托收款款项在付款期内未提出拒付，即为同意付款，以此代付款通知。2. 如全部或部分拒付，在规定期内，将拒付理由书并附债务证明退交开户银行。	

（印章：中国银行 保平支行 2010.8.13 办讫章）

8. 8月15日，从新世纪公司购买的甲材料运达企业，验收入库。增值税发票上注明的材料单价为300元/千克，数量为300千克，价税合计105 300.00元。款项于上月预付。原始凭证见附件2–8–1、附件2–8–2、附件2–8–3和附件2–8–4。

附件2–8–1

1300201230 **河北增值税专用发票** № 00302278

此联不做报税、扣税凭证使用 开票日期：2010年8月15日

购货单位	名称：保平市祥云有限责任公司 纳税人识别号：350603001112348 地址、电话：保平市新一区平安大街555号 0312–50506666 开户行及账号：中国银行平安支行 16030058576834527					密码区	略
货物或应税劳务名	规格型号	单位	数量	单价	金额	税率	税额
甲材料		千克	300	300.00	90 000.00	17%	15 300.00
合计			300	300.00	90 000.00		15 300.00
价税合计（大写）	壹拾万伍仟叁佰元整				（小写）¥105 300.00		
销货单位	名称：新世纪公司 纳税人识别号：130601665482845 地址、电话：保平市新市区 0312–3225045 开户行及账号：中国银行保平分行 846116058358494005					备注	

收款人：王达 复核： 开票人：张信 销货单位：（章）

第二联：发票联 购货方记账凭证

（印章：全国统一发票监制章 国家税务局监制；新世纪公司 财务专用章）

附件 2-8-2

1300201230　　**河北增值税专用发票**　　№ 00302278

开票日期：2010 年 8 月 15 日

购货单位	名　　称：保平市祥云有限责任公司 纳税人识别号：350603001112348 地 址、电 话：保平市新一区平安大街 555 号 0312-50506666 开户行及账号：中国银行平安支行 16030058576834527					密码区	略
货物或应税劳务名	规格型号	单位	数量	单 价	金额	税率	税额
甲材料		千克	300	300.00	90 000.00	17%	15 300.00
合计			300	300.00	90 000.00		15 300.00
价税合计（大写）	壹拾万伍仟叁佰元整				（小写）¥105 300.00		
销货单位	名　　称：新世纪公司 纳税人识别号：130601665482845 地 址、电 话：保平市新市区　0312-3225045 开户行及账号：中国银行保平分行 846116058358494005					备注	

收款人：王达　　复核：　　开票人：张信　　销货单位：（章）

第三联：抵扣联　购货扣税凭证

附件 2-8-3

保平市祥云有限责任公司入库单

2010 年 8 月 15 日　　单位：元

名称	数量	单价	金额
甲材料	300 千克	300.00	90 000.00
合计	300 千克	300.00	90 000.00

采购员：张前　　保管员：李宏

9. 8 月 19 日，收到远洋公司包装物押金 1 800 元，出纳员收讫。原始凭证见附件 2-9。

附件 2-9

现金收款收据

年　月　日　　№ 1200322

收款单位		交款单位		金额								
				百	十	万	千	百	十	元	角	分
金额（大写）												
事由				备注：								

会计主管：　　收款人：　　制单：

三　记账联

10. 8 月 20 日，偿还威海公司货款 100 000.00 元，原始凭证见附件 2-10。

附件 2-10

中国银行电汇凭证（回单）1

□普通　　□加急　　委托日期　2010 年 8 月 20 日

汇款人	全称	保平市祥云有限责任公司	收款人	全称	威海公司
	账号	16030058576834527		账号	605893008936554108
	汇出地点	河北 省 保平 市 / 县		汇入地点	山东 省 威海 市 / 县
汇出行名称		中国银行保定分行	汇入行名称		中国银行威海分行

金额	人民币（大写）壹拾万元整	千	百	十	万	千	百	十	元	角	分
			¥	1	0	0	0	0	0	0	0

汇出行签章	支付密码：略 附加信息及用途： 复核　记账

（印章：中国银行 保平支行 2010.8.20 办讫章）

此联汇出行给汇款人的回单

11. 8 月 23 日，将大力公司银行承兑汇票贴现。原始凭证见附件 2-11。

附件 2-11

贴现凭证（收账通知）4

申请日期　2010 年 8 月 23 日　　　第　号

贴现汇票	种类	银行承兑汇票	号码	02669	持票人	名称	保平市祥云有限责任公司
	出票日	2010 年 6 月 23 日				账号	16030058576834527
	到票日	2010 年 10 月 23 日				开户银行	中国银行平安支行
汇票承兑人	名称	大力公司	账号	222335566	开户银行	和平支行	

汇票金额	人民币（大写）贰拾捌万元整	十	万	千	百	十	元	角	分
		2	8	0	0	0	0	0	0

贴现率	贴现利息	万	千	百	十	元	角	分	实付贴现金额	十	万	千	百	十	元	角	分
5‰		¥	2	8	0	0	0	0		2	7	7	2	0	0	0	0

贴现款项已入你单位账户。 银行盖章 2010 年 8 月 23 日	备注：

（印章：中国银行 保平支行 2010.8.23 办讫章）

此联银行给持票人的收账通知

12. 8 月 24 日，收到夏新公司购货款。原始凭证见附件 2-12。

附件 2-12

托收凭证（汇款依据或收账通知）4

委托日期 2010 年 8 月 24 日　　　　付款期限　年　月　日

业务类型	委托收款（□邮划、□电划）　托收承付（□邮划、□电划）				
付款人 全称	夏新公司	收款人 全称	祥云有限责任公司		
付款人 账号	865876950605095004	收款人 账号	16030058576834527		
付款人 地址 开户行	河北 省 邢台 市/县 建设银行三分行	收款人 地址 开户行	河北 省 保平 市/县 中国银行平安支行		
金额	人民币（大写）壹拾捌万玖仟元整	千 百 十 万 千 百 十 元 角 分	¥ 1 8 9 0 0 0 0 0		
款项内容	销售产品	托收凭证名称	销货合同	附寄单证张数	略
商品发运情况		合同名称号			
备注： 复核　记账	上列款项已划回入你方账户内。 收款人开户银行签章 年　月　日				

中国银行 保平支行 2010.8.24 办讫章

13. 8 月 25 日，销售给龙江公司 A 产品，货款没有收到。原始凭证见附件 2–13–1 和附件 2–13–2。

附件 2–13–1

1300201230　　**河北增值税专用发票**　　№ 00301029

全国统一发票监制章 国家税务局监制

此联不做报税、扣税凭证使用　开票日期：2010 年 8 月 25 日

购货单位	名　　称：龙江公司 纳税人识别号：130684051665482 地址、电话：保北市南湖区　0622–5045322 开户银行及账号：中国银行保北支行 115846583005609484				密码区	略	
货物或应税劳务名称	规格型号	单位	数量	单价	金额	税率	税额
A 产品		千克	300	200.00	60 000.00	17%	10 200.00
合计			300		60 000.00		10 200.00
价税合计（大写）	柒万零贰佰元整				（小写）¥70 200.00		
销货单位	名　　称：保平市祥云有限责任公司 纳税人识别号：130603001112348 地址、电话：保平市新一区　0312–50506666 开户银行及账号：中国银行平安支行 16030058576834527				备注	保平市祥云有限责任公司 35066500333 发票专用章	

收款人：王佳　　复核：　　开票人：赵丹　　销货单位：（章）

第一联：记账联 销货方记账凭证

附件 2-13-2

欠 条

今从保平市祥云有限公司购买 A 产品，数量 300 千克，单价 200 元，价税合计款大写柒万零贰佰元整，小写￥70 200.00 。

欠款单位：龙江公司
经办人：张喜
2010 年 8 月 25 日
（盖章）

14. 8 月 26 日，收到转账支票一张，是福运公司的预付购货款。原始凭证见附件 2-14-1 和附件 2-14-2。

附件 2-14-1

中国银行进账单（回 单）

2010 年 8 月 26 日

出票人	全称	福运公司		收票人	全称		保平市祥云有限责任公司						
	账号	745647288652456558			账号		16030058576834527						
	开户银行	中国建设银行保平分行			开户银行		中国银行平安支行						
金额	人民币（大写）伍万元整				千	百	十	万	千	百	十	元	角	分
							¥	5	0	0	0	0	0	0
票据种类	转账支票	票据张数	1 张	开户银行签章									

此联是开户银行交给持票人的回单

（印章：中国银行 保平支行 2010.8.26 办讫章）

附件 2-14-2

收款收据（三联单）

第三联：记账联　　　　年　月　日　　　　第 2 号

交款单位或交款人		收款方式	
事由______ 人民币（大写）______　　¥______			备注：

收款单位（盖章）：　　　　收款人（签章）：

15. 8 月 27 日，李伟出差回来报销差旅费。原始凭证见附件 2-15-1 和附件 2-15-2。

附件 2-15-1

差旅费报销单

姓名	李伟		事由		展销会		出差日期 2010.8.11
往返地点	由 保平 至 海隆						领款人：李伟
项目	单据张数	金额	项目	天数	补助标准	金额	
火车票	4	740.00	路途补助	15	80.00	1 200.00	
汽车票			住勤补助				2010 年 8 月 11 日
住宿费	1	1 200.00					领导批示
其他		630.00					
小计		2 570.00				1 200.00	王彭亮
	共计人民币（大写）：叁仟柒佰柒拾元整						2010 年 8 月 27 日

附件 2-15-2

现金收款收据

年 月 日 № 1200323

收款单位		交款单位		金额								
				百	十	万	千	百	十	元	角	分
金额（大写）												
事由				备注：								

三 记账联

会计主管： 收款人： 制单：

实训三　存货岗位核算实训

一、岗位职责

1. 会同有关部门拟定材料物资管理与核算实施办法。

2. 审查采购计划，控制采购成本，防止盲目采购。

3. 负责存货明细核算。对已验收入库尚未付款的材料，月终要估价入账。

4. 配合有关部门制定材料消耗定额，编制材料计划成本目录。

5. 参与库存盘点，处理清查账务。

6. 分析储备情况，防止呆滞积压。对于超过正常储备和长期呆滞积压的存货，要分析原因，提出处理意见和建议，督促有关部门处理。

二、实训目的

教学目标：通过实训操作，使实验者掌握存货工作相关的基础知识、存货按实际成本法核算、存货按计划成本法核算、存货的期末计量。

能力目标：存货初始计量的核算；存货可变现净值的确认方法；存货期末计量与存货发出的计价方法。

知识目标：了解存货的确认条件；了解存货岗位核算任务。

三、模拟企业概况

企业名称：保平市祥云有限责任公司

单位地址：保平市新一区平安大街 555 号

法人代表：李榛杨

财务负责人：张颖

出纳：王佳

会计：赵丹

主管会计：王帆

税务登记类型：一般纳税人企业

开户银行：中国银行平安支行　　行号 6608

账号：16030058576834527

税务登记号：350603001112348

联系电话：0312-50506666

车间领料人：王静

存货库管员：田康
材料采购员：刘飞

四、实训材料准备

账簿：数量金额式明细账页。

记账凭证：银行付款凭证、转账凭证。

工具：蓝（黑）红色签字笔、算盘、计算器、个人名章、夹子、尺子、刀子、胶水、曲别针。

五、实训要求

1. 填写有关空白原始凭证
2. 根据原始凭证编制记账凭证
3. 登记原材料明细账、库存商品明细账
4. 适当对存货的增减变化进行分析

六、实训资料

说明：按实际成本核算时用表 3–1、表 3–2 和表 3–3 的资料；按计划成本核算时用表 3–4、表 3–5 和表 3–6 的资料。

表 3–1

在途物资明细账余额

2010 年 10 月 31 日　　　　单位：元

材料名称	计量单位	数量	单位成本	金额
丁材料	千克	200	550.00	110 000.00
合计				110 000.00
备注	供应方：威力公司			

表 3–2

原材料明细账余额

2010 年 10 月 31 日　　　　单位：元

材料名称	计量单位	数量	单位成本	金额
甲材料	千克	60	100.00	6 000.00
乙材料	千克	300	150.00	45 000.00
丙材料	千克	200	800.00	160 000.00
丁材料	千克	100	600.00	60 000.00
合计				271 000.00

表 3–3

周转材料明细账余额

2010 年 10 月 31 日　　单位：元

材料名称	计量单位	数量	实际成本	金额
包装物（周转箱）	个	1000	30.00	30 000.00
低值易耗品（工作服、鞋、防护用品）	套	60	100.00	6 000.00
办公用低值易耗品				2 000.00
合计				38 000.00

表 3–4

材料采购明细账余额

2010 年 10 月 31 日　　单位：元

材料名称	计量单位	数量	单位成本	金额
丁材料	千克	200	550.00	110 000.00
合计				110 000.00
备注	供应方：威力公司			

表 3–5

原材料明细账余额

2010 年 10 月 31 日　　单位：元

材料名称	计量单位	数量	计划成本	金额
甲材料	千克	60	100.00	6 000.00
乙材料	千克	300	150.00	45 000.00
丙材料	千克	200	800.00	160 000.00
丁材料	千克	100	600.00	60 000.00
合计				271 000.00

表 3–6

周转材料明细账余额

2010 年 10 月 31 日　　单位：元

材料名称	计量单位	数量	计划成本	金额
包装物（周转箱）	个	1000	30.00	30 000.00
低值易耗品（工作服、鞋、防护用品）	套	60	100.00	6 000.00
办公用低值易耗品				2 000.00
合计				38 000.00

（一）存货按照实际成本的核算

说明：发出材料时采用先进先出法核算成本。包装物领用随产品出售单独计价。领用低值易耗品采用一次摊销法。

1. 11 月 3 日，从恒旭有限责任公司购入甲、乙材料，货款以银行存款支付，材料尚在运输途中。原始凭证见附件 3-1-1、附件 3-1-2 和附件 3-1-3。

附件 3-1-1

1300201230　　**河北增值税专用发票**　　№ 00302563

此联不做报税　扣税凭证使用　　开票日期：2010 年 11 月 3 日

购货单位	名　　称：保平市祥云有限责任公司 纳税人识别号：350603001112348 地址、电话：保平市新一区平安大街 555 号 开户行及账号：中国银行平安支行 16030058576834527					密码区	略	
货物或应税劳务名称		规格型号	单位	数量	单价	金额	税率	税额
甲材料			千克	800	100.00	80 000.00	17%	13 600.00
乙材料				400	160.00	64 000.00		10 880.00
合计						144 000.00		24 480.00
价税合计（大写）		壹拾陆万捌仟肆佰捌拾元整				（小写）¥168 480.00		
销货单位	名　　称：恒旭有限责任公司 纳税人识别号：130603776182868 地址、电话：保定市北市区 0312-5058526 开户行及账号：中国银行保定分行 837115407308091001					备注	恒旭有限责任公司 财务专用章	

收款人：王明　　复核：　　开票人：张雅　　销货单位：（章）

第二联：发票联　购货方记账凭证

附件 3-1-2

1300201230　　**河北增值税专用发票**　　№ 00302563

（全国统一发票监制章 国家税务总局监制）

开票日期：2010 年 11 月 3 日

购货单位	名　称：保平市祥云有限责任公司 纳税人识别号：350603001112348 地址、电话：保平市新一区平安大街 555 号 开户行及账号：中国银行平安支行 16030058576834527				密码区	（略）	
货物或应税劳务名称	规格型号	单位	数量	单价	金额	税率	税额
甲材料		千克	800	100.00	80 000.00	17%	13 600.00
乙材料			400	160.00	64 000.00		10 880.00
合计					144 000.00		24 480.00
价税合计（大写）	壹拾陆万捌仟肆佰捌拾元整				（小写）¥ 168 480.00		
销货单位	名　称：恒旭有限责任公司 纳税人识别号：130603776182868 地址、电话：保定市北市区 0312-5058526 开户行及账号：中国银行保定分行 837115407308091001				备注		

收款人：王明　　复核：　　开票人：张雅　　销货单位（未盖章无效）

第三联：抵扣联　购货方扣税凭证

（恒旭有限责任公司 财务专用章）

附件 3-1-3

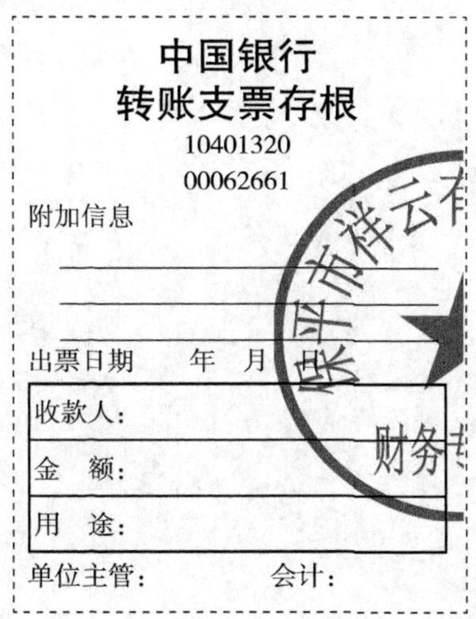

中国银行
转账支票存根
10401320
00062661

附加信息

出票日期　　年　月　日

收款人：	
金　额：	
用　途：	

单位主管：　　会计：

（保平市祥云有限责任公司 财务专用章）

2.11 月 5 日，从威力公司购买的丁材料已经运达本公司，经验收合格入库。原始凭证见附件 3-2。

附件 3–2

保平市祥云有限责任公司入库单

2010 年 11 月 5 日　　　　单位：元

名称	数量	单价	金额
丁材料	200 千克		
合计	200 千克		

采购员：刘飞　　　　保管员：田康

3. 11 月 8 日，生产车间领用材料生产产品。原始凭证见附件 3–3。

附件 3–3

保平市祥云有限责任公司领料单

2010 年 11 月 8 日

材料名称及规格	计量单位	数量	单价	金额	用途
甲材料	千克	50			生产 A 产品
乙材料	千克	200			生产 B 产品
丙材料	千克	160			生产 C 产品
丁材料	千克	150			生产 C 产品
丁材料	千克	20			一般车间耗用
合 计					

审批人：　　　　领料人：王静　　　　发料人：田康

4. 11 月 10 日，从恒旭有限责任公司购买的材料已运到公司，并支付运费。检验合格验收入库。原始凭证见附件 3–4–1、附件 3–4–2 和附件 3–4–3。

附件 3–4–1

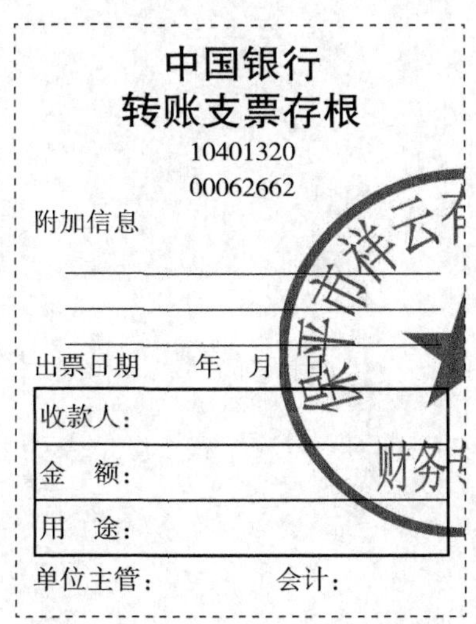

中国银行
转账支票存根
10401320
00062662

附加信息

出票日期　　年　月　日

收款人：

金　额：

用　途：

单位主管：　　　　会计：

附件 3-4-2

保平市货物托运业专用发票

地税　No 9243243

委托单位：保平市祥云有限责任公司　　　　2010 年 11 月 10 日

货物名称	件数	重量	托运费用					
			万	千	百	十	元	角	分
材料		1 200 千克		2	4	0	0	0	0
合　计			¥	2	4	0	0	0	0
金额合计（大写）	贰仟肆佰元整	¥ 2 400.00							

（印章：河北吉达运输有限公司 财务专用章）

收款单位：河北吉达运输有限公司　　　　收款人：张倩

附件 3-4-3

保平市祥云有限责任公司入库单

2010 年 11 月 10 日　　　　单位：元

名称	数量	单价	金额
甲材料			
乙材料			
合计			

采购员：刘飞　　　　保管员：田康

5. 11 月 15 日，生产车间领用材料生产产品。领料单见附件 3-5。

附件 3-5

保平市祥云有限责任公司领料单

2010 年 11 月 15 日

材料名称及规格	计量单位	数量	单价	金额	用途
甲材料	千克	300			生产 A 产品
乙材料	千克	200			生产 B 产品
合计					

审批人：　　　　领料人：王静　　　　发料人：田康

6. 11 月 20 日，购买丙材料。已验收入库，货款没有支付。原始凭证见附件 3-6-1、附件 3-6-2 和附件 3-6-3。

附件 3-6-1

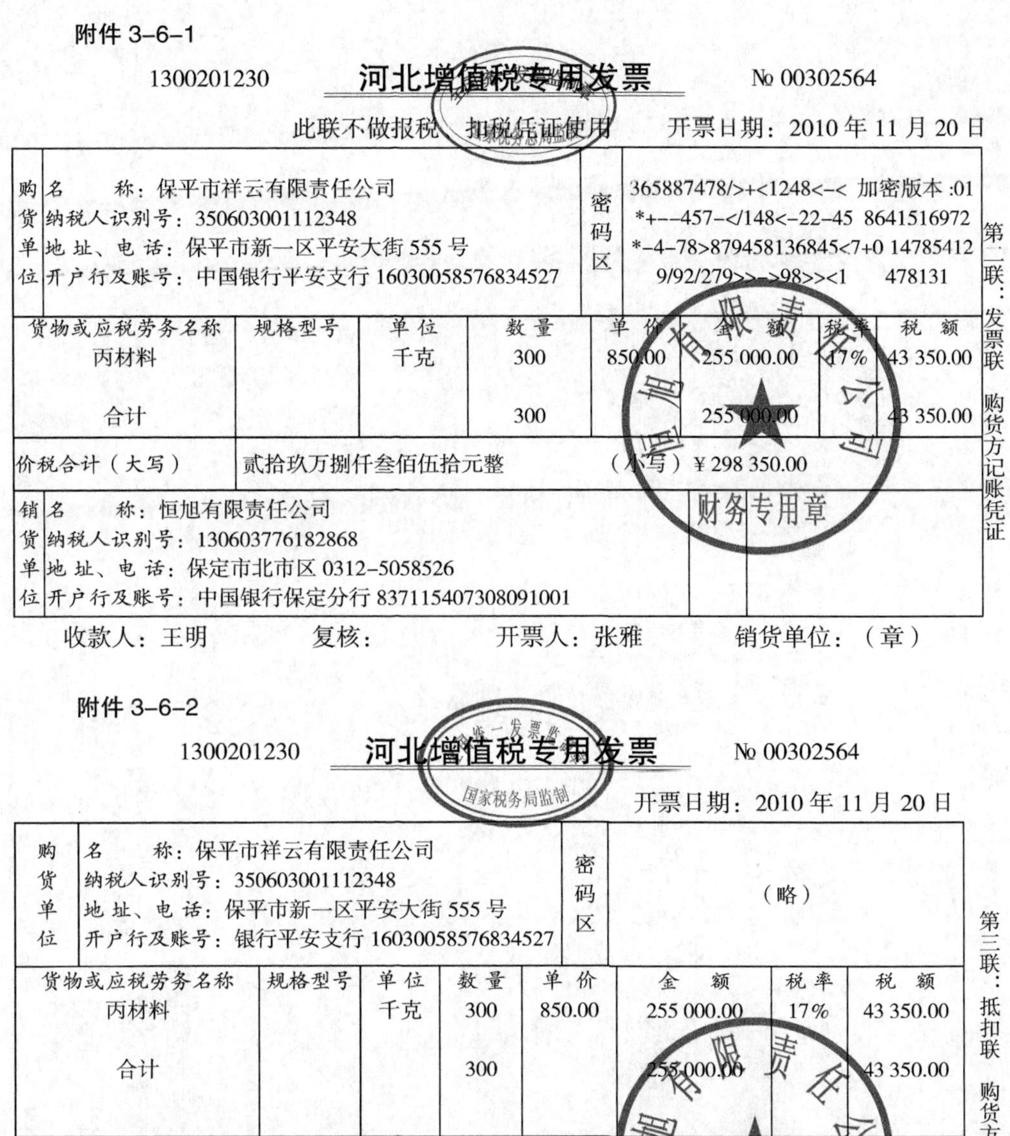

1300201230　　**河北增值税专用发票**　　№ 00302564

此联不做报税、扣税凭证使用　　开票日期：2010 年 11 月 20 日

购货单位	名　　称：保平市祥云有限责任公司 纳税人识别号：350603001112348 地 址、电 话：保平市新一区平安大街 555 号 开户行及账号：中国银行平安支行 16030058576834527	密码区	365887478/>+<1248<-< 加密版本 :01 *+--457-</148<-22-45 8641516972 *-4-78>879458136845<7+0 14785412 9/92/279>>->98>><1 478131

货物或应税劳务名称	规格型号	单位	数量	单价	金额	税率	税额
丙材料		千克	300	850.00	255 000.00	17%	43 350.00
合计			300		255 000.00		43 350.00
价税合计（大写）	贰拾玖万捌仟叁佰伍拾元整				（小写）¥ 298 350.00		

销货单位	名　　称：恒旭有限责任公司 纳税人识别号：130603776182868 地 址、电 话：保定市北市区 0312-5058526 开户行及账号：中国银行保定分行 837115407308091001	备注

收款人：王明　　复核：　　开票人：张雅　　销货单位：（章）

第二联：发票联　购货方记账凭证

附件 3-6-2

1300201230　　**河北增值税专用发票**　　№ 00302564

开票日期：2010 年 11 月 20 日

购货单位	名　　称：保平市祥云有限责任公司 纳税人识别号：350603001112348 地 址、电 话：保平市新一区平安大街 555 号 开户行及账号：银行平安支行 16030058576834527	密码区	（略）

货物或应税劳务名称	规格型号	单位	数量	单价	金额	税率	税额
丙材料		千克	300	850.00	255 000.00	17%	43 350.00
合计			300		255 000.00		43 350.00
价税合计（大写）	贰拾玖万捌仟叁佰伍拾元整				（小写）¥ 298 350.00		

销货单位	名　　称：恒旭有限责任公司 纳税人识别号：130603776182868 地 址、电 话：保定市北市区 0312-5058526 开户行及账号：中国银行保定分行 837115407308091001	备注

收款人：王明　　复核：　　开票人：张雅　　销货单位（未盖章无效）

第三联：抵扣联　购货方扣税凭证

附件 3-6-3

保平市祥云有限责任公司入库单

2010 年 11 月 20 日　　单位：元

名 称	数 量	单 价	金 额
丙材料			
合计			

采购员：刘飞　　保管员：田康

7. 11 月 22 日，生产车间领用材料生产产品。原始凭证见附件 3-7。

附件 3-7

保平市祥云有限责任公司领料单

2010 年 11 月 22 日

材料名称及规格	计量单位	数量	单价	金 额	用 途
甲材料	千克	300			生产 A 产品
乙材料	千克	200			生产 B 产品
合 计					

审批人：　　领料人：王静　　发料人：田康

8.11 月 25 日，生产车间领用材料生产产品。原始见附件 3-8。

附件 3-8

保平市祥云有限责任公司领料单

2010 年 11 月 25 日

材料名称及规格	计量单位	数量	单价	金 额	用 途
甲材料	千克	200			生产 A 产品
乙材料	千克	100			生产 B 产品
丙材料	千克	160			生产 C 产品
合 计					

审批人：　　领料人：王静　　发料人：田康

9. 11月26日，从前进公司购入甲、乙材料，材料尚在运输途中。原始凭证见附件3-9-1、附件3-9-2和附件3-9-3。

附件 3-9-1

1300201230　　**河北增值税专用发票**　　№ 00302565

国家税务局监制

此联不做报税、扣税凭证使用　开票日期：2010年11月26日

购货单位	名　　称：保平市祥云有限责任公司 纳税人识别号：350603001112348 地址、电话：保平市新一区平安大街555号 0312-50506666 开户行及账号：中国银行平安支行 16030058576834527					密码区	略	
货物或应税劳务名称	规格型号	单位	数量	单价	金额	税率	税额	
甲材料		千克	100	100.00	10 000.00	17%	1 700.00	
乙材料		千克	400	150.00	60 000.00	17%	10 200.00	
合计			500		70 000.00		11 900.00	
价税合计（大写）	捌万壹仟玖佰元整				（小写）¥81 900.00			
销货单位	名　　称：前进公司 纳税人识别号：130603556954521 地址、电话：保平市北市区 0312-5053687 开户行及账号：中国银行保平分行 837116529305091004					备注		

收款人：王明　　复核：　　开票人：张雅　　销货单位：（章）

第二联：发票联　购货方记账凭证

前进公司　财务专用章

附件 3-9-2

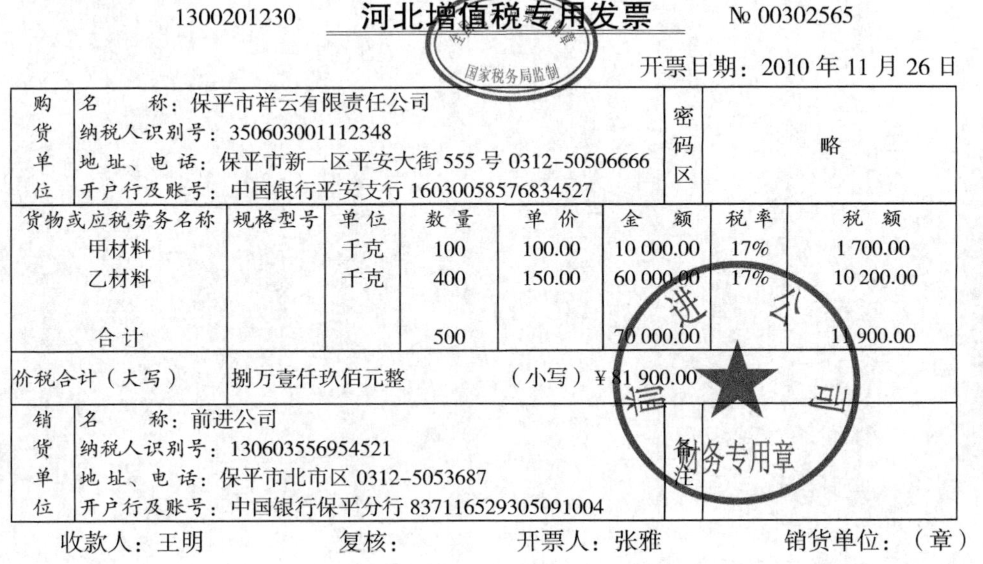

1300201230　　**河北增值税专用发票**　　№ 00302565

国家税务局监制

开票日期：2010年11月26日

购货单位	名　　称：保平市祥云有限责任公司 纳税人识别号：350603001112348 地址、电话：保平市新一区平安大街555号 0312-50506666 开户行及账号：中国银行平安支行 16030058576834527					密码区	略
货物或应税劳务名称	规格型号	单位	数量	单价	金额	税率	税额
甲材料		千克	100	100.00	10 000.00	17%	1 700.00
乙材料		千克	400	150.00	60 000.00	17%	10 200.00
合计			500		70 000.00		11 900.00
价税合计（大写）	捌万壹仟玖佰元整			（小写）¥81 900.00			
销货单位	名　　称：前进公司 纳税人识别号：130603556954521 地址、电话：保平市北市区 0312-5053687 开户行及账号：中国银行保平分行 837116529305091004					备注	

收款人：王明　　复核：　　开票人：张雅　　销货单位：（章）

第三联：抵扣联　购货方扣税凭证

前进公司　财务专用章

附件 3-9-3

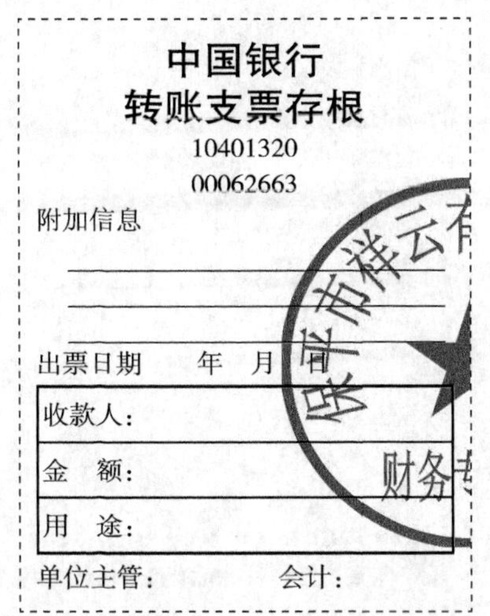
中国银行
转账支票存根
10401320
00062663
附加信息

出票日期 年 月 日
收款人：
金 额：
用 途：
单位主管： 会计：

10. 11 月 28 日，车间领用工作服 60 套。原始凭证见附件 3-10。

附件 3-10

保平市祥云有限责任公司领料单

2010 年 11 月 28 日

材料名称及规格	计量单位	数量	单价	金额	用途
工作服					
合计					

审批人： 领料人：王静 发料人：田康

11. 11 月 30 日，领用随同产品出售的包装物 500 个。原始凭证见附件 3-11。

附件 3-11

保平市祥云有限责任公司领用单

2010 年 11 月 30 日

材料名称及规格	计量单位	数量	单价	金额	用途
周转箱	个	500			
合计					

审批人： 领料人：王静 发料人：田康

（二）存货按照计划成本的核算

说明：存货发出时采用计划成本核算。包装物采用五五摊销法。

12. 11 月 3 日，从恒旭公司购入甲、乙材料，货款以银行存款支付，材料尚在运输途中。原始凭证见附件 3-12-1、附件 3-12-2 和附件 3-12-3。

附件 3-12-1

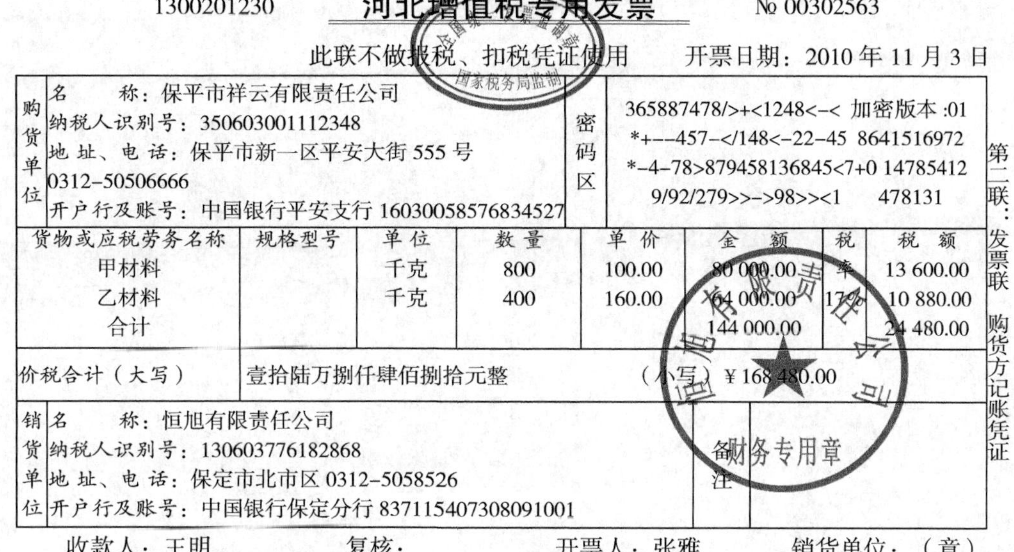

1300201230　　**河北增值税专用发票**　　№ 00302563

此联不做报税、扣税凭证使用　　开票日期：2010 年 11 月 3 日

购货单位	名　　称：保平市祥云有限责任公司 纳税人识别号：350603001112348 地 址、电 话：保平市新一区平安大街 555 号 0312-50506666 开户行及账号：中国银行平安支行 16030058576834527	密码区	365887478/>+<1248<-< 加密版本 :01 *+--457-</148<-22-45 8641516972 *-4-78>879458136845<7+0 14785412 9/92/279>>->98>><1 478131

货物或应税劳务名称	规格型号	单位	数量	单价	金额	税率	税额
甲材料		千克	800	100.00	80 000.00	17%	13 600.00
乙材料		千克	400	160.00	64 000.00		10 880.00
合计					144 000.00		24 480.00
价税合计（大写）	壹拾陆万捌仟肆佰捌拾元整				（小写）¥ 168 480.00		

销货单位	名　　称：恒旭有限责任公司 纳税人识别号：130603776182868 地 址、电 话：保定市北市区 0312-5058526 开户行及账号：中国银行保定分行 837115407308091001	备注	

收款人：王明　　复核：　　开票人：张雅　　销货单位：（章）

第二联：发票联　购货方记账凭证

附件 3-12-2

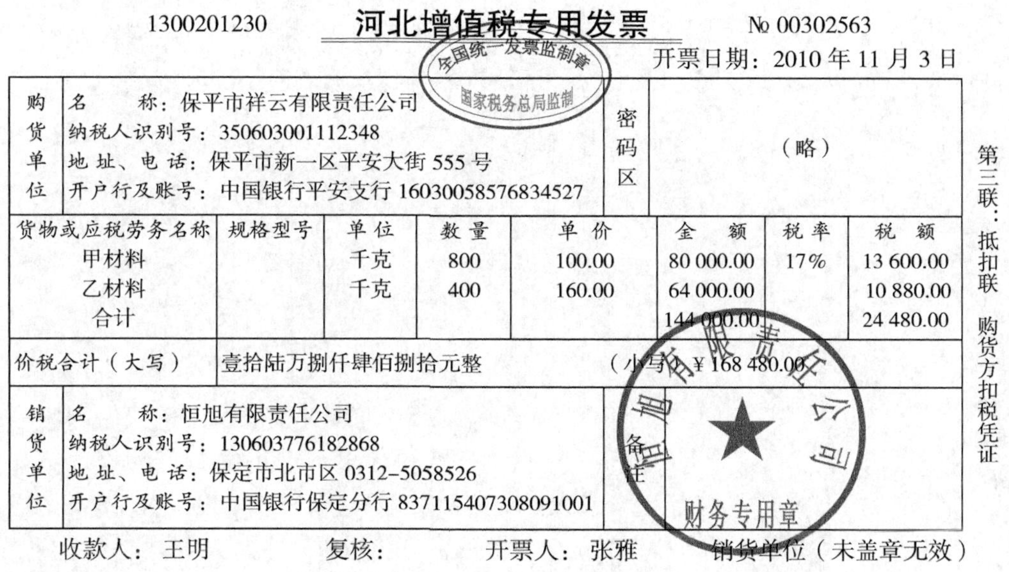

1300201230　　**河北增值税专用发票**　　№ 00302563

开票日期：2010 年 11 月 3 日

购货单位	名　　称：保平市祥云有限责任公司 纳税人识别号：350603001112348 地 址、电 话：保平市新一区平安大街 555 号 开户行及账号：中国银行平安支行 16030058576834527	密码区	（略）

货物或应税劳务名称	规格型号	单位	数量	单价	金额	税率	税额
甲材料		千克	800	100.00	80 000.00	17%	13 600.00
乙材料		千克	400	160.00	64 000.00		10 880.00
合计					144 000.00		24 480.00
价税合计（大写）	壹拾陆万捌仟肆佰捌拾元整				（小写）¥ 168 480.00		

销货单位	名　　称：恒旭有限责任公司 纳税人识别号：130603776182868 地 址、电 话：保定市北市区 0312-5058526 开户行及账号：中国银行保定分行 837115407308091001	备注	

收款人：王明　　复核：　　开票人：张雅　　销货单位（未盖章无效）

第三联：抵扣联　购货方扣税凭证

附件 3-12-3

中国银行
转账支票存根
10401320
00062661
附加信息
出票日期　年　月　日
收款人：
金　额：
用　途：
单位主管：　会计：

13. 11 月 5 日，从威力公司购买的丁材料已经运达本公司，经验收合格入库。原始凭证见附件 3-13。

附件 3-13

保平市祥云有限责任公司入库单

2010 年 11 月 5 日　　单位：元

名称	数量	单价	金额
丁材料	200 千克		
合计	200 千克		

采购员：刘飞　　保管员：田康

14. 11 月 8 日，生产车间领用材料生产产品。原始凭证见附件 3-14。

附件 3-14

保平市祥云有限责任公司领料单

2010 年 11 月 8 日

材料名称及规格	计量单位	数量	单价	金额	用途
甲材料	千克	50			生产 A 产品
乙材料	千克	200			生产 B 产品
丙材料	千克	160			生产 C 产品
丁材料	千克	150			生产 C 产品
丁材料	千克	20			一般车间耗用
合计					

审批人：　　领料人：王静　　发料人：田康

15. 11 月 10 日，从恒旭公司购买的材料已运到公司，检验合格验收入库。原始凭证见附件 3-15-1、附件 3-15-2 和附件 3-15-3。

附件 3-15-1

保平市祥云有限责任公司入库单

2010 年 11 月 10 日　　　　单位：元

名称	数量	单价	金额
甲材料			
乙材料			
合计			

采购员：刘飞　　　　保管员：田康

附件 3-15-2

保平市货物托运业专用发票

地税　No 9243243

委托单位：保平市祥云有限责任公司　　　　2010 年 11 月 10 日

货物名称	件数	重量	托运费用						
			万	千	百	十	元	角	分
材料		1 200 千克	¥	2	4	0	0	0	0
合计			¥	2	4	0	0	0	0
金额合计（大写）	贰仟肆佰元整				（小写）¥ 2 400.00				

收款单位：河北吉达运输有限公司　　　　收款人：张倩

附件 3-15-3

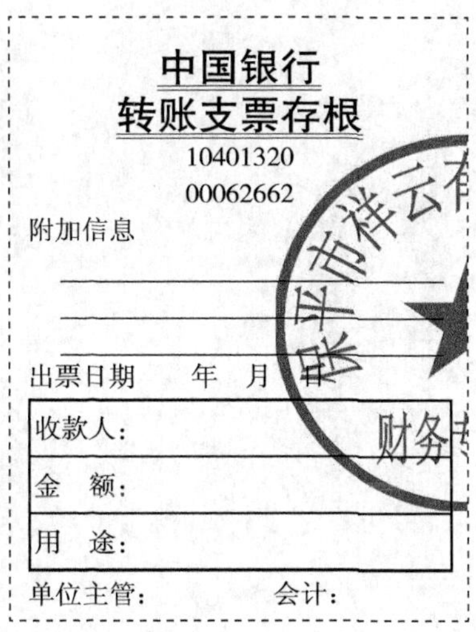

中国银行
转账支票存根
10401320
00062662
附加信息

出票日期　　年　月　日

收款人：
金　额：
用　途：

单位主管：　　会计：

16. 11 月 15 日，生产车间领用材料生产产品。领料单见附件 3-16。

附件 3-16

保平市祥云有限责任公司领料单

2010 年 11 月 15 日

材料名称及规格	计量单位	数量	单价	金额	用途
甲材料	千克	300			生产 A 产品
乙材料	千克	200			生产 B 产品
合计					

审批人： 领料人：王静 发料人：田康

17. 11 月 20 日，购买丙材料。已验收入库，货款没有支付。原始凭证见附件 3-17-1、附件 3-17-2 和附件 3-17-3。

附件 3-17-1

1300201230 **河北增值税专用发票** № 00302563

此联不做报税、扣税凭证使用 开票日期：2010 年 11 月 20 日

<table>
<tr><td>购货单位</td><td colspan="5">名　　称：保平市祥云有限责任公司
纳税人识别号：350603001112348
地 址、电 话：保平市新一区平安大街 555 号
开户银行及账号：中国银行平安支行 16030058576834527</td><td>密码区</td><td colspan="3">365887478/>+<1248<-< 加密版本 :01
*+--457-</148<-22-45 8641516972
*-4-78>879458136845<7+0 14785412
9/92/279>>->98>><1 478131</td></tr>
<tr><td colspan="2">货物或应税劳务名称</td><td>规格型号</td><td>单位</td><td>数量</td><td>单价</td><td>金额</td><td>税率</td><td colspan="2">税额</td></tr>
<tr><td colspan="2">丙材料</td><td></td><td>千克</td><td>300</td><td>850.00</td><td>255 000.00</td><td>17%</td><td colspan="2">43 350.00</td></tr>
<tr><td colspan="2">合计</td><td></td><td></td><td>300</td><td></td><td>255 000.00</td><td></td><td colspan="2">43 350.00</td></tr>
<tr><td colspan="2">价税合计（大写）</td><td colspan="8">贰拾玖万捌仟叁佰伍拾元整 （小写）¥298 350.00</td></tr>
<tr><td>销货单位</td><td colspan="5">名　　称：恒旭有限责任公司
纳税人识别号：130603776182868
地 址、电 话：保定市北市区 0312-5058526
开户行及账号：中国银行保定分行 837115407308091001</td><td>备注</td><td colspan="3"></td></tr>
</table>

第二联：发票联 购货方记账凭证

收款人：王明 复核： 开票人：张雅 销货单位：（章）

附件 3-17-2

1300201230 **河北增值税专用发票** № 00302564

国家税务局监制

开票日期：2010 年 11 月 20 日

购货单位	名　　称：保平市祥云有限责任公司 纳税人识别号：350603001112348 地 址、电 话：保平市新一区平安大街 555 号 开户行及账号：中国银行平安支行 16030058576834527					密码区	（略）
货物或应税劳务名称	规格型号	单 位	数 量	单 价	金 额	税率	税 额
丙材料		千克	300	850.00	255 000.00	17%	43 350.00
合计			300		255 000.00		43 350.00
价税合计（大写）	贰拾玖万捌仟叁佰伍拾元整　（小写）￥298 350.00						
销货单位	名　　称：恒旭有限责任公司 纳税人识别号：130603776182868 地 址、电 话：保定市北市区 0312-5058526 开户行及账号：中国银行保定分行 837115407308091001					备注	

恒旭有限责任公司 财务专用章

收款人：王明　　复核：　　开票人：张雅　　销货单位（未盖章无效）

第三联：折扣联　购货方扣税凭证

附件 3-17-3

保平市祥云有限责任公司入库单

2010 年 11 月 20 日　　单位：元

名称	数量	单价	金额
丙材料			
合计			

采购员：刘飞　　保管员：田康

18. 11 月 22 日，生产车间领用材料生产产品。原始凭证见附件 3-18。

附件 3-18

保平市祥云有限责任公司领料单

2010 年 11 月 22 日

材料名称及规格	计量单位	数量	单价	金额	用途
甲材料	千克	300			生产 A 产品
乙材料	千克	200			生产 B 产品
合计					

审批人：　　领料人：王静　　发料人：田康

19. 11 月 25 日，生产车间领用材料生产产品。原始见附件 3–19。

附件 3–19

保平市祥云有限责任公司领料单

2010 年 11 月 25 日

材料名称及规格	计量单位	数量	单价	金额	用途
甲材料	千克	200			生产 A 产品
乙材料	千克	100			生产 B 产品
丙材料	千克	160			生产 C 产品
合 计					

审批人： 领料人：王静 发料人：田康

20. 11 月 26 日，从前进公司购入甲、乙材料，材料尚在运输途中。原始凭证见附件 3–20–1、附件 3–20–2 和附件 3–20–3。

附件 3–20–1

1300201230 **河北增值税专用发票** № 00302565

此联不做报税、扣税凭证使用 开票日期：2010 年 11 月 26 日

购货单位	名称：保平市祥云有限责任公司 纳税人识别号：350603001112348 地址、电话：保平市新一区平安大街 555 号 0312–50506666 开户行及账号：中国银行保定分行 83711540730809100134527				密码区	略	
货物或应税劳务名称	规格型号	单位	数量	单价	金额	税率	税额
甲材料		千克	100	100.00	10 000.00	17%	1 700.00
乙材料		千克	400	150.00	60 000.00	17%	10 200.00
合 计			500		70 000.00		11 900.00
价税合计（大写）	捌万壹仟玖佰元整				（小写）￥81 900.00		
销货单位	名称：前进公司 纳税人识别号：130603556954521 地址、电话：保定市北市区 0312–5053687 开户行及账号：中国银行保平分行 837116529305091004				备注		

收款人：王明 复核： 开票人：张雅 销货单位：（章）

第二联：发票联 购货方记账凭证

附件 3-20-2

1300201230　　**河北增值税专用发票**　　№ 00302565

国家税务局监制

开票日期：2010 年 11 月 26 日

购货单位	名　　称：保平市祥云有限责任公司 纳税人识别号：350603001112348 地 址、电 话：保平市新一区平安大街 555 号 0312-50506666 开户行及账号：中国银行平安支行 16030058576834527				密码区	略	
货物或应税劳务名称	规格型号	单 位	数 量	单 价	金　额	税 率	税　额
甲材料		千克	100	100.00	10 000.00	17%	1 700.00
乙材料		千克	400	150.00	60 000.00	17%	10 200.00
合　计			500		70 000.00		11 900.00
价税合计（大写）	捌万壹仟玖佰元整				（小写）￥81900.00		
销货单位	名　　称：前进公司 纳税人识别号：130603556954521 地 址、电 话：保定市北市区 0312-5053687 开户行及账号：中国银行保平分行 837116529305091004				备注		

收款人：王明　　复核：　　开票人：张雅　　销货单位：（章）

第三联：抵扣联　购货方扣税凭证

附件 3-20-3

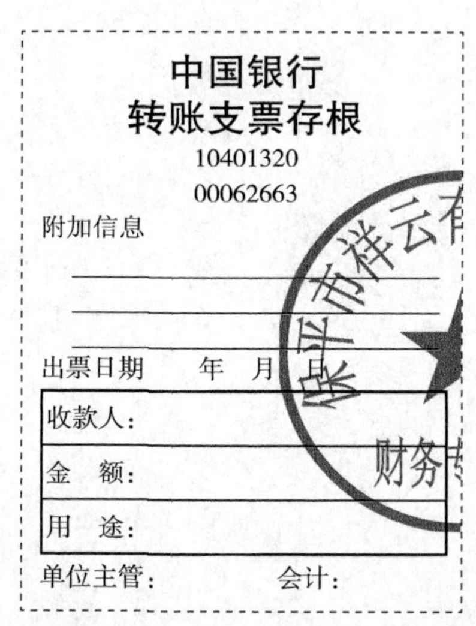

中国银行
转账支票存根
10401320
00062663

附加信息

出票日期　年　月　日

收款人：
金　额：
用　途：

单位主管：　　会计：

21.11 月 28 日，车间领用工作服 60 套。原始凭证见附件 3-21。

附件 3-21

保平市祥云有限责任公司领料单

2010 年 11 月 28 日

材料名称及规格	计量单位	数量	单价	金额	用途
工作服					
合计					

审批人：　　领料人：王静　　发料人：田康

22. 11 月 30 日，领用随同产品出售的包装物 500 个。原始凭证见附件 3–22。

附件 3–22

保平市祥云有限责任公司领用单

2010 年 11 月 30 日

材料名称及规格	计量单位	数量	单价	金额	用途
周转箱	个	500			
合计					

审批人： 领料人：王静 发料人：田康

实训四 资产岗位核算实训

一、岗位职责

1. 负责固定资产、无形资产核算与管理办法的制定

结合企业自身特点，会同有关职能部门，建立健全固定资产、在建工程以及无形资产的管理与核算办法，制定固定资产目录。建立严格的固定资产、无形资产明细核算凭证传递手续，按有关规定根据与固定资产有关的经济利益的预期实现方式选择固定资产折旧方法。

2. 负责建立健全资产卡片和各单位资产占用明细账，做到账、卡、物、资金相互一致

设置固定资产登记簿，组织填写固定资产卡片，每项固定资产按固定资产类别、使用部门进行明细核算。

3. 负责固定资产、无形资产增减的日常核算和监督

根据固定资产、无形资产的增减凭证，进行日常核算；根据选择的固定资产折旧方法及时提取折旧，掌握固定资产折旧范围，做到不错、不多、不漏。按无形资产的摊销方法对无形资产进行摊销。

4. 会同有关部门定期组织固定资产清查盘点工作

汇总清查盘点结果，发现问题，查明原因，及时妥善处理；并按规定的报批程序，办理固定资产盘盈、盘亏的审批手续，经批准后办理转销的账务处理。

5. 了解固定资产、无形资产的使用情况

要经常了解固定资产、无形资产的使用情况，运用有关的核算资料分析固定资产、无形资产的利用效率，改善固定资产、无形资产的管理工作，提高其利用效率。

6. 负责固定资产清理和无形资产处置的工作

按有偿转让、报废、毁损等不同情况对固定资产清理进行账务处理；按出售、出租报废等不同情况对无形资产处置进行账务处理。

二、实训目的

教学目标：通过实训操作，使实验者掌握资产岗位工作相关的基础知识，进一步熟练掌握资产岗位经济业务的核算方法及账务处理，熟悉资产岗位经济业务的原始凭证和记账凭证的填制，以及相关账簿的登记。

能力目标：掌握相关业务原始凭证的填制；能够正确进行原始凭证的审核，

熟练掌握记账凭证的编制、各种账簿的登记。

知识目标：理解固定资产、无形资产的概念和确认条件；熟练掌握资产的初始计量、后续支出、处置的核算；掌握投资性房地产转换的核算。

三、模拟企业概况

企业名称：保平市祥云有限责任公司
单位地址：保平市新一区平安大街555号
法人代表：李榛杨
财务负责人：张颖
出纳：王佳
会计：赵丹
主管会计：王帆
税务登记类型：一般纳税人企业
开户银行：中国银行平安支行　　行号6608
账号：16030058576834527
税务登记号：350603001112348
联系电话：0312-50506666

四、实训材料准备

账簿：固定资产总账和明细账。

凭证：现金收款凭证、现金付款凭证、银行收款凭证、银行付款凭证、转账凭证；记账凭证封皮。

工具：蓝（黑）红色签字笔、算盘、计算器、个人名章、夹子、尺子、刀子、胶水、曲别针。

五、实训要求

1. 填写有关空白原始凭证
2. 根据原始凭证编制记账凭证
3. 登记固定资产总账和明细账账簿

六、实训资料

该公司2010年5月发生以下业务。

1. 2日，供应科职工王占到北京购买生产用机床，预借差旅费4000元，经领导魏华批示同意，出纳员以现金付讫，限定还款日期为8月18日，出差回来报账。原始凭证见附件4-1。

附件 4–1

借 款 单

年 月 日

<table>
<tr><td>借款人</td><td></td><td rowspan="2">借款事由</td><td rowspan="2" colspan="2"></td></tr>
<tr><td>所属部门</td><td></td></tr>
<tr><td>借款金额
人民币（大写）</td><td></td><td>核准金额</td><td colspan="2">人民币
（大写）</td></tr>
<tr><td colspan="2">审批意见：
年 月 日</td><td>归还期限
月 日</td><td>归还方式</td><td></td></tr>
</table>

2. 7 日，王占从宏进公司购入机床一台，取得的增值税专用发票上注明的设备价款为 100 000 元，增值税进项税额为 17 000 元，发生的运杂费为 600 元，款项已通过银行转账支付。机床不需要安装，验收后交付生产使用。原始凭证见附件 4–2–1 至附件 4–2–9。

附件 4–2–1

1300201230 **河北增值税专用发票** № 00302275

（全国统一发票监制章 国家税务总局监制）

此联不做报税、扣税凭证使用 开票日期：2010 年 5 月 7 日

<table>
<tr><td>购货单位</td><td colspan="4">名　　称：保平市祥云有限责任公司
纳税人识别号：350603001112348
地 址、电 话：保平市新一区平安大街 555 号
开户行及账号：工商银行红星支行
16030058576834527</td><td>密码区</td><td colspan="3">（略）</td></tr>
<tr><td>货物或应税劳务名称</td><td>规格型号</td><td>单位</td><td>数量</td><td>单价</td><td>金额</td><td>税率</td><td>税额</td></tr>
<tr><td>机床</td><td></td><td>台</td><td>1</td><td>100 000.00</td><td>100 000.00</td><td>17%</td><td>17 000.00</td></tr>
<tr><td>合计</td><td></td><td></td><td></td><td></td><td>¥ 100 000.00</td><td></td><td>17 000.00</td></tr>
<tr><td>价税合计（大写）</td><td colspan="4">壹拾壹万柒仟元整</td><td colspan="3">（小写）¥ 117 000.00</td></tr>
<tr><td>销货单位</td><td colspan="4">名　　称：宏进公司
纳税人识别号：2589632125468951
地 址、电 话：广安街 88 号 27843685
开户行及账号：工商行东江分行
07635467396607688</td><td>备注</td><td colspan="3">（宏进公司 2589632125468951 发票专用章）</td></tr>
</table>

收款人：陈明　　复核：王亮　　开票人：梁月　　销货单位（未盖章无效）

第二联：发票联 购货方记账凭证

附件 4-2-2

1300201230　　　**河北增值税专用发票**　　　№ 00302275

开票日期：2010 年 5 月 7 日

购货单位	名　　称：保平市祥云有限责任公司 纳税人识别号：350603001112348 地 址、电 话：保平市新一区平安大街 555 号 开户行及账号：工商银行红星支行 16030058576834527				密码区	（略）	
货物或应税劳务名称	规格型号	单位	数量	单价	金　额	税率	税　额
机床		台	1	100 000.00	100 000.00	17%	17 000.00
合计					¥100 000.00		17000.00
价税合计（大写）	壹拾壹万柒仟元整			（小写）¥117 000.00			
销货单位	名　　称：宏进公司 纳税人识别号：2589632125468951 地 址、电 话：广安街 88 号 27843685 开户行及账号：工商行东江分行 07635467396607688				备注	宏进公司 2589632125468951 发票专用章	

收款人：陈明　　复核：王亮　　开票人：梁月　　销货单位（未盖章无效）

第三联：抵扣联　购货方扣税凭证

附件 4-2-3

公路、内河货物运输业统一发票

此联不做报税、扣税凭证使用　发票代码：532030561110

开票日期：2010 年 5 月 7 日　　　　发票号码：08698572

机打代码 机打号码 机器编号	285673116739 00006783	税控码	（略）
收货人及 纳税人识别号	保平市祥云有限责任公司 350603001112348	承运人及 纳税人识别号	联运公司 53841795873627827
发货人及 纳税人识别号	宏进公司 2589632125468951	主管税务机关 及代码	246030603
运输项目及金额	货物名称　数量　运杂费金额 机床　1　600.00	其他项目及金额	备注
运费小计	¥600.00	其他费用小计	
合计（大写）	陆佰元整	（小写）¥600.00	

承运人盖章　　　　开票人：林丽

第一联：发票联　付款方记账凭证

附件 4-2-4

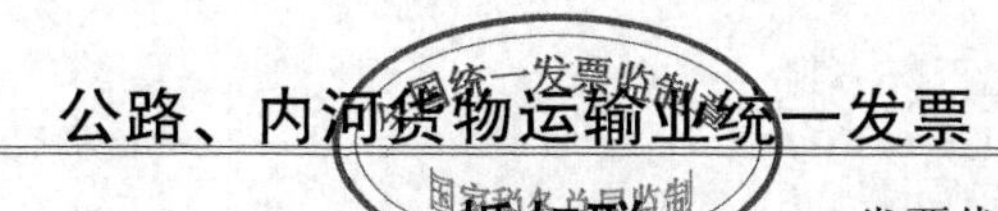

公路、内河货物运输业统一发票

抵扣联

发票代码：532030561110

开票日期：2010 年 5 月 7 日　　　　发票号码：08698572

机打代码 机打号码 机器编号	285673116739 00006783	税控码	（略）
收货人及 纳税人识别号	保平市祥云有限责任公司 350603001112348	承运人及 纳税人识别号	联运公司 53841795873627827
发货人及 纳税人识别号	宏进公司 2589632125468951	主管税务机关 及代码	246030603
运输项目及金额	货物名称　数量　运杂费金额 机床　1　600.00	其他项目及金额	备注
运费小计	¥600.00	其他费用小计	
合计（大写）	陆佰元整	（小写）¥600.00	

承运人盖章　　　　开票人　林丽

第三联：抵扣联　付款方扣税凭证

（印章：联运公司 3689732849768926 发票专用）

附件 4-2-5

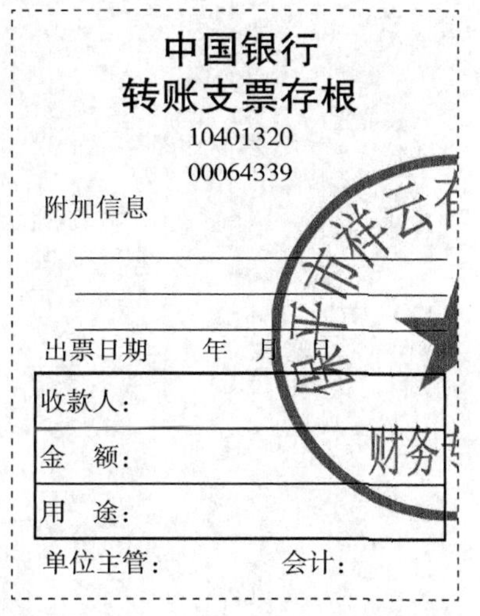

中国银行
转账支票存根
10401320
00064339
附加信息

出票日期　年　月　日

收款人：
金　额：
用　途：

单位主管：　　会计：

附件 4-2-6

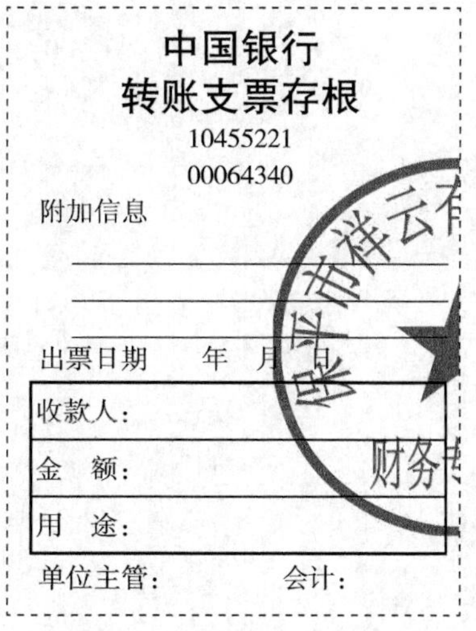

中国银行
转账支票存根
10455221
00064340
附加信息

出票日期　年　月　日

收款人：
金　额：
用　途：

单位主管：　　会计：

附件 4-2-7

固定资产验收单

2010 年 1 月 1 日　　　　　　　　　　　　　编号 1

<table>
<tr><td>名称</td><td colspan="2">规格型号</td><td colspan="2">来源</td><td>数量</td><td>购（造）价</td><td>使用年限</td><td>预计残值率</td></tr>
<tr><td></td><td colspan="2"></td><td colspan="2"></td><td></td><td></td><td>10</td><td>5%</td></tr>
<tr><td>安装费</td><td colspan="2">月折旧率</td><td colspan="3">建造单位</td><td>交工日期</td><td colspan="2">附件</td></tr>
<tr><td></td><td colspan="2"></td><td></td><td colspan="2"></td><td>2010 年 5 月 7 日</td><td colspan="2"></td></tr>
<tr><td>验收部门</td><td>王力</td><td>验收人员</td><td>刘天</td><td colspan="2">管理部门</td><td>赵川</td><td>管理人员</td><td>钱亮</td></tr>
<tr><td>备注</td><td colspan="8"></td></tr>
</table>

附件 4-2-8

固 定 资 产 卡 片

类别：

<table>
<tr><td>资产名称</td><td></td><td>资产编号</td><td></td></tr>
<tr><td>规格（型号）</td><td></td><td>规格（米）</td><td></td></tr>
<tr><td>制 造 厂</td><td></td><td>出厂时间</td><td></td></tr>
<tr><td>使用部门</td><td></td><td>出厂编号</td><td></td></tr>
<tr><td>资金来源</td><td></td><td>折旧年限</td><td></td></tr>
<tr><td>列账凭证</td><td></td><td>启用年月</td><td></td></tr>
<tr><td rowspan="2">附件或附属物</td><td rowspan="2"></td><td>固定资产原值</td><td></td></tr>
<tr><td>年折旧率</td><td></td></tr>
<tr><td>调拨转移记录</td><td></td><td>预计净产值</td><td></td></tr>
<tr><td>报废清理记录</td><td></td><td rowspan="2">备注</td><td rowspan="2"></td></tr>
<tr><td>中间停用记录</td><td></td></tr>
</table>

附件 4-2-9

折旧记录（背）

折旧方法：

原值：	预计净残值：	年折旧率：	月折旧率：						
年份	年折旧率	年折旧额	月折旧额	累计年折旧额	年份	年折旧率	年折旧额	月折旧额	累计年折旧额

3. 10 日，王占来报销，车费 300 元，住宿费 1 800 元，每天出差补助 100 元，计 700 元，招待费 600 元。余额现金退回。原始凭证见附件 4-3-1 和附件 4-3-2。

附件 4-3-1

差旅费报销单

姓名			事由				出差日期	
往返地点	由		至				领款人：	
项目	单据张数	金额	项目	天数	补助标准	金额		
火车票			路途补助					
汽车票			住勤补助				年 月 日	
住宿费							领导批示	
其他								
小计								
	共计人民币（大写）						年 月 日	

会计主管：王帆　　出纳：王佳　　报销人：王占

附件 4-3-2

现金收款收据

年　月　日　　　　　　　　　　№ 1200239

收款单位		交款单位		金额							
				百	十	万	千	百	十	元	角
金额（大写）	人民币										
事由				备注：							

会计主管：王帆　　　　出纳：王佳　　　　制单：

三 记账联

4. 5 月开始自行建造一座厂房，发生了下列经济业务。

（1）1 日，购入钢材一批，价款 100 000 元，增值税 17 000 元，款项以银行存款支付。该批钢材全部用于厂房建造工程。

（2）5 日，领用原材料一批，价值 5 000 元，购进该批材料时支付的增值税进项税额为 850 元。

（3）20 日，维修车间为工程提供有关的劳务支出为 2 000 元。

（4）28 日，支付工程人员工资 60 000 元。

（5）9 月 5 日，工程达到预定可使用状态交付使用。

原始凭证见附件 4-4-1 至附件 4-4-9。

附件 4-4-1

1300201230　　**河北增值税专用发票**　　№ 00302375

此联不做报税、扣税凭证使用　开票日期：2010 年 5 月 1 日

购货单位	名　　称：保平市祥云有限责任公司 纳税人识别号：350603001112348 地 址、电 话：保平市新一区平安大街 555 号 开户行及账号：工商银行红星支行 16030058576834527					密码区	略	
货物或应税劳务名称	规格型号	单位	数量	单价	金额	税率	税额	
钢材		吨	20	5 000.00	100 000.00	17%	170 000	
合　计					100 000.00		17 000.00	
价税合计（大写）	壹拾壹万柒仟元整				（小写）¥ 117 000.00			
销货单位	名　　称：宏进公司 纳税人识别号：2589632125468951 地 址、电 话：广安街 88 号 27843685 开户行及账号：工商行东江分行 07635467396607688					备注		

收款人：陈明　　复核：王亮　　开票人：梁月　　销货单位（未盖章无效）

第二联：发票联　购货方记账凭证

附件 4–4–2

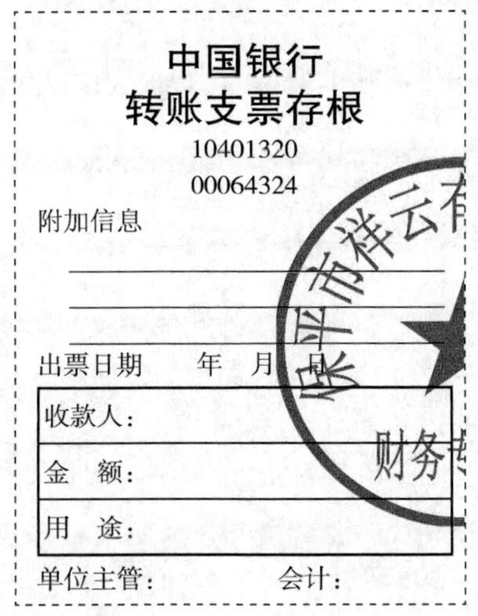

中国银行
转账支票存根
10401320
00064324
附加信息

出票日期　　年　月　日

收款人：
金　额：
用　途：

单位主管：　　会计：

附件 4–4–3

保平市祥云有限责任公司材料入库单

供应单位：宏进公司

发票号：066987730　　2010 年 3 月 5 日　　第 64 号

材料类别	材料名称	规格材质	计量单位	应收数量	实收数量	单价	金额								
							百	十	万	千	百	十	元	角	分
	钢材		吨	20	20	5 850		1	1	7	0	0	0	0	0
检验结果：合格				运杂费											
检验员签章：				合计			¥	1	1	7	0	0	0	0	0
备注															

仓库：　　会计：　　收料员：张名　　制单：

附件 4–4–4

领　料　单

字第　34　号

领料部门：基建工程　　2010 年 5 月 5 日

品名	规格型号	单位	数量		单价	金额
			请领	实领		
钢材		吨	20	20	5 850	117 000
用途	工程材料用于基建工程					

领料部门负责人：　　领料人：　　会计：　　发料人：张名

附件 4–4–5

领　料　单

字第　35　号

领料部门：基建工程　　　　　　　　　　　　　　2010 年 5 月 5 日

<table>
<tr><td rowspan="2">品名</td><td rowspan="2">规格型号</td><td rowspan="2">单位</td><td colspan="2">数　量</td><td rowspan="2">单价</td><td rowspan="2">金额</td></tr>
<tr><td>请领</td><td>实领</td></tr>
<tr><td>水泥</td><td>800#</td><td>袋</td><td>20</td><td>20</td><td>250</td><td>5 000</td></tr>
<tr><td>用途</td><td colspan="6">工程材料用于基建工程</td></tr>
</table>

领料部门负责人：　　　　领料人：　　　　会计：　　　　发料人：张名

附件 4–4–6

辅助生产费用分配表

部门	总账账户	工时	分配标准	金额
基建部门	在建工程	100	20	2 000.00

附件 4–4–7

工资分配表

部门	总账账户	明细账户	金额
基建部门	在建工程	厂房	60 000.00

附件 4–4–8

工程竣工验收决算报告

编号：122

2010 年 9 月 5 日　　　　单位：元

<table>
<tr><td>项目名称</td><td>工程批准号数</td><td>工程预算数</td><td>工程决算数</td><td>设备费</td><td>材料费</td><td>工资费</td><td>其他费</td><td>管理费</td></tr>
<tr><td>厂房</td><td></td><td>180 000</td><td>184 850</td><td></td><td>122 850</td><td>60 000</td><td>2 000</td><td></td></tr>
<tr><td></td><td></td><td></td><td></td><td></td><td></td><td></td><td></td><td></td></tr>
<tr><td></td><td></td><td></td><td></td><td></td><td></td><td></td><td></td><td></td></tr>
<tr><td></td><td></td><td></td><td></td><td></td><td></td><td></td><td></td><td></td></tr>
<tr><td></td><td></td><td></td><td></td><td></td><td></td><td></td><td></td><td></td></tr>
<tr><td colspan="5">新增固定资产</td><td></td><td></td><td></td><td></td></tr>
<tr><td>名称</td><td>型号</td><td>单价</td><td></td><td></td><td colspan="2" rowspan="3">承建部门（签章）
负责人：</td><td colspan="2" rowspan="3">主管部门（签章）
负责人：</td></tr>
<tr><td></td><td></td><td></td><td></td><td></td></tr>
<tr><td></td><td></td><td></td><td></td><td></td></tr>
<tr><td></td><td></td><td></td><td></td><td></td><td colspan="2" rowspan="3">使用部门（签章）
负责人：</td><td colspan="2" rowspan="3">财会部门（签章）
负责人：</td></tr>
<tr><td></td><td></td><td></td><td></td><td></td></tr>
<tr><td></td><td></td><td></td><td></td><td></td></tr>
</table>

附件 4-4-9

固定资产验收单

2010 年 9 月 5 日　　　　　　　　　　　　编号 1

<table>
<tr><td>名称</td><td colspan="2">规格型号</td><td>来源</td><td>数量</td><td>购（造）价</td><td>使用年限</td><td>预计残值</td></tr>
<tr><td>厂房</td><td colspan="2"></td><td></td><td>1</td><td>184850</td><td>20</td><td>4850</td></tr>
<tr><td>安装费</td><td colspan="2">月折旧率</td><td colspan="2">建造单位</td><td>交工日期</td><td colspan="2">附件</td></tr>
<tr><td></td><td colspan="2"></td><td></td><td></td><td>2010 年 9 月 5 日</td><td colspan="2"></td></tr>
<tr><td>验收部门</td><td>王力</td><td>验收人员</td><td>刘天</td><td>管理部门</td><td>赵川</td><td>管理人员</td><td>钱亮</td></tr>
<tr><td>备注</td><td colspan="7"></td></tr>
</table>

5. 企业原有电脑 50 台，本月发现盘亏一台不需用的电脑，原价 8 500 元，已提折旧 7 800 元，编号 D–55，经查属于自然报废，批准转为营业外支出。原始凭证见附件 4–5。

附件 4–5

固定资产盘存表

单位名称：

卡片编号	固定资产名称	型号规格	使用状态	计量单位	账面数量	账面价值	实际盘存数量	账实差额说明

注：“使用状态”栏填“正常使用、未使用、不需用、注销（处置）”四种情况。

填表人：　　　　　　核对人：　　　　　　联系电话：　　　　　　填表日期：

6. 5 月末计提本月固定资产折旧（采用直线法计提折旧）。原始凭证见附件 4–6。

附件 4–6

固定资产折旧计算汇总表

使用单位	固定资产类别	月初应计折旧固定资产原值	月分类折旧率	月折旧额
基本生产车间	房屋建筑物	3 000 000	2‰	
	机器设备	4 800 000	3‰	
	小计	7 800 000		
企业管理部门	房屋建筑物	1 200 000	2‰	
	机器设备	200 000	3‰	
	小计	1 400 000		
机修车间	房屋建筑物	800 000	2‰	
	机器设备	100 000	3‰	
	小计	900 000		

会计主管： 制表人：

7. 某专用机器设备原价 300 000 元，预计使用寿命 5 年，已使用 2 年，预计净残值率 5%。按双倍余额递减法计算折旧，计提本月折旧。原始凭证见附件 4–7。

附件 4–7

固定资产折旧计算表

年份	净值	折旧率	每年折旧额	累计已提折旧	月折旧额

8. 5 月 25 日，一台旧机器因使用期已满经批准报废。原值 200 000 元，已提折旧 180 000 元，在清理过程中，以银行存款支付清理费用 3 800 元，拆除残料作价 8 000 元已入库。原始凭证见附件 4–8–1、附件 4–8–2 和附件 4–8–3。

附件 4-8-1

固定资产清理清单

<table>
<tr><td rowspan="2">名称</td><td rowspan="2">原值</td><td rowspan="2">已提折旧</td><td colspan="3">残值收入</td><td colspan="2">清理费用</td></tr>
<tr><td>保险公司等赔偿</td><td>出售收入</td><td>残料作价入库</td><td>税金</td><td>其他清理费用</td></tr>
<tr><td>机器设备</td><td>200 000</td><td>180 000</td><td></td><td></td><td>8 000</td><td></td><td>3 800</td></tr>
<tr><td></td><td></td><td></td><td></td><td></td><td></td><td></td><td></td></tr>
<tr><td colspan="8">清理净损失
清理净收益</td></tr>
</table>

附件 4-8-2

保平市祥云有限责任公司材料入库单

供应单位：保平市祥云有限责任公司

发票号： 2010 年 5 月 25 日 第 65 号

<table>
<tr><td rowspan="2">材料类别</td><td rowspan="2">材料名称</td><td rowspan="2">规格材质</td><td rowspan="2">计量单位</td><td rowspan="2">应收数量</td><td rowspan="2">实收数量</td><td rowspan="2">单价</td><td colspan="9">金 额</td></tr>
<tr><td>百</td><td>十</td><td>万</td><td>千</td><td>百</td><td>十</td><td>元</td><td>角</td><td>分</td></tr>
<tr><td></td><td>铁</td><td></td><td>吨</td><td></td><td></td><td>8 000</td><td></td><td></td><td></td><td>8</td><td>0</td><td>0</td><td>0</td><td>0</td><td>0</td></tr>
<tr><td></td><td></td><td></td><td></td><td></td><td></td><td></td><td></td><td></td><td></td><td></td><td></td><td></td><td></td><td></td><td></td></tr>
<tr><td colspan="4" rowspan="2">检验结果：合格
检验员签章：</td><td colspan="2">运杂费</td><td></td><td></td><td></td><td></td><td></td><td></td><td></td><td></td><td></td><td></td></tr>
<tr><td colspan="2">合计</td><td></td><td></td><td></td><td>¥</td><td>8</td><td>0</td><td>0</td><td>0</td><td>0</td><td>0</td></tr>
<tr><td>备注</td><td colspan="15"></td></tr>
</table>

仓库： 会计： 收料员：张名 制单：

附件 4-8-3

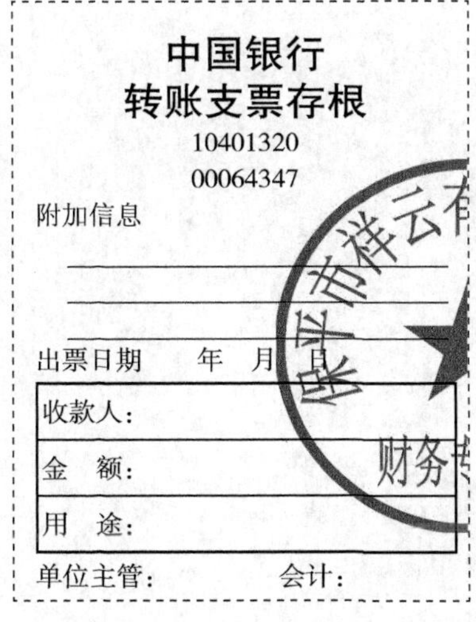

中国银行
转账支票存根
10401320
00064347
附加信息

出票日期 年 月 日

收款人：

金 额：

用 途：

单位主管： 会计：

9. 5 月 28 日，向东南大学购入 ATH 专利，金额 30 000 元。原始凭证见附件 4-9-1 和附件 4-9-2。

附件 4-9-1

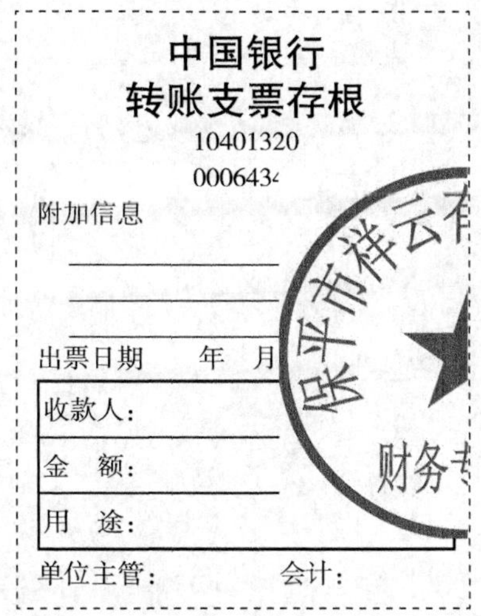

中国银行
转账支票存根
10401320
000643

附加信息

出票日期　　年　月

收款人：
金　额：
用　途：

单位主管：　　　会计：

附件 4-9-2

保平市服务业专用发票

第二联：发票

委托方	保定公司	地址			金额							
					十	万	千	百	十	元	角	分
合同字号	项目	单位	数量	单价	¥	3	0	0	0	0	0	0
	ATH 专利转让费		项	1								
					¥	3	0	0	0	0	0	0
合计（大写）	人民币：叁万元整											

收款人：　　　复核：　　　开票人：李玉　　　单位盖章：东南大学科研公司

10. 月末摊销本月无形资产：某专利购入价格 240 000 元，预计使用 20 年；非专利技术 80 000 元，预计使用 10 年；一项特许权对外出租，成本 120 000 元，预计使用 5 年。原始凭证见附件 4-10。

附件 4-10

无形资产摊销汇总表

项目	原值	摊销年限	月摊销额	累计摊销额

会计主管：　　　　　　　　制表人：

实训五　投资岗位核算实训

一、岗位职责

1. 合理确定投资方向，明确短、中、长期投资的目标和内容。

根据企业的发展规划，合理确定投资方向，配合企业的生产经营和管理活动；进一步明确规划企业的近期、远期投资的目标和内容，近期投资与企业筹资相互协调。

2. 正确进行金融资产和长期股权投资的初始确认的划分。

合理安排资金进行金融资产投资，合理确认金融资产初始确认的具体分类。

3. 正确确认投资收益。

正确确认各种投资形式下的收益，采用长期股权投资的后续计量方法：成本法和权益法，正确确认企业投资收益，发挥资金的最大效益。

4. 进行金融资产的处置及期末计量的账务处理，保护金融资产的安全和完整。

二、实训目的

教学目标：通过实训操作，使实验者掌握投资相关的基础知识和具体的业务操作，明确对外投资核算所涉及的原始凭证及业务程序，正确设置对外投资的总账及明细账并进行登记。

能力目标：划分投资类型，按企业投资岗位核算需要设置账户，根据业务采用不同的投资形式进行正确的业务处理，填制记账凭证并登记账簿。

知识目标：学会按照不同投资形式进行正确的业务处理，正确确认损益。

三、模拟企业概况

企业名称：保平市祥云有限责任公司

单位地址：保平市平安大街 555 号

法人代表：李榛杨

财务负责人：张颖

出纳：王佳

会计：赵丹

主管会计：王帆

税务登记类型：一般纳税人企业

开户银行：中国银行平安支行　　　行号 6608

账号：16030058576834527
税务登记号：350603001112348
联系电话：0312-50506666

四、实训材料准备

账簿：三栏式明细账。

凭证：银行收款凭证、银行付款凭证、转账凭证。

工具：蓝（黑）红色签字笔、算盘、计算器、个人名章、夹子、尺子、刀子、胶水、曲别针。

五、实训要求

1. 填制原始凭证
2. 根据原始凭证编制记账凭证
3. 登记明细账

六、实训资料

该公司2010年发生以下业务。

1. 2010年2月4日，从证券交易所购入股票100 000股，每股价格5.6元，另支付交易费用。该公司将其划分为交易性金融资产，以原存入证券公司投资款支付。原始凭证见附件5-1-1和附件5-1-2。

附件5-1-1

资金对账单【人民币】

打印日期：2010年4月23日 制表单位：财达证券有限公司
资金账户：360003533 股东代码：005626 股东名称：保平市祥云有限责任公司
开始日期：20100423 结束日期 20100423
当前资金余额：700 000 可用余额：700 000

日期	操作	证券代码	证券名称	成交数量	成交均价	参考成本	当期股票市价	摘要
20100423	证券买入	600050	中国联通	100 000	5.60	561 780	560 000	证券买入
合计							560 000	

附件 5-1-2

成交过户交割单

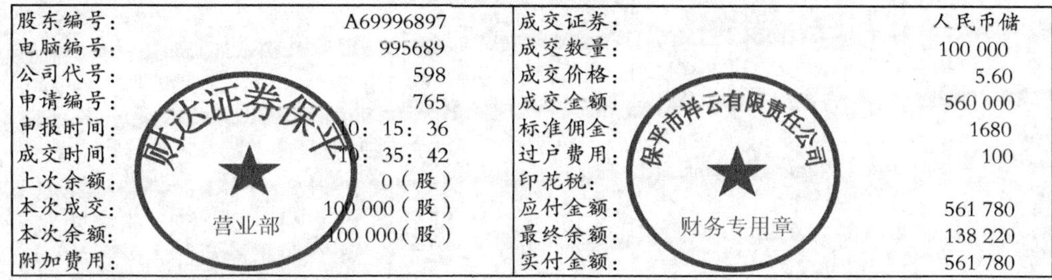

股东编号：	A69996897	成交证券：	人民币储
电脑编号：	995689	成交数量：	100 000
公司代号：	598	成交价格：	5.60
申请编号：	765	成交金额：	560 000
申报时间：	10：15：36	标准佣金：	1680
成交时间：	10：35：42	过户费用：	100
上次余额：	0（股）	印花税：	
本次成交：	100 000（股）	应付金额：	561 780
本次余额：	100 000（股）	最终余额：	138 220
附加费用：		实付金额：	561 780

经办单位：财达证券公司　　　　客户签章：保平市祥云有限责任公司

2. 2010 年 6 月 24 日，中国联通公司发放现金股利。原始凭证见附件 5-2。

附件 5-2

中国联合网络通信股份有限公司派发现金红利实施公告

本公司及董事会全体成员保证公告内容的真实、准确和完整，对公告的虚假记载、误导性陈述或重大遗漏负连带责任。

重要内容提示：每股派发现金股息 0.0536 元（含税），扣税后每股现金红利 0.04824 元。

股权登记日：2010 年 6 月 21 日

除息日：2010 年 6 月 22 日

现金红利发放日：2010 年 6 月 24 日

公司 2009 年度利润分配方案（本次利润分配方案）已经 2010 年 5 月 12 日召开的 2009 年度股东大会审议通过。

3. 2010 年 6 月 30 日，中国联通的市价为 5.2 元 / 股。原始凭证见附件 5-3-1 和附件 5-3-2。

附件 5-3-1

中国联通 2010 年 6 月 30 日市值计算表

项目	股数	单位市值	交易税费	市值总值	账面价值
普通股	100 000	5.2		520 000	560 000
合计	100 000			520 000	560 000

附件 5-3-2

资金对账单【人民币】

打印日期：2010 年 6 月 30 日 制表单位：财达证券有限公司

资金账户：360003533 股东代码：005626 股东名称：保平市祥云有限责任公司

开始日期：20100630 结束日期 20100630

当前资金余额：138 220 可用余额：138 220

市场	证券代码	证券名称	余额	可用数	交易冻结	今日买入	参考成本	市价	当期股票市价	摘要
上海 A	600050	中国联通	100 000	100 000	0	0	561 780	5.2	520 000	
合计										

4. 2010 年 12 月 15 日，将中国联通股票出售，每股 6 元出售，支付相关费用。原始凭证见附件 5-4-1、附件 5-4-2 和附件 5-4-3。

附件 5-4-1

资金对账单【人民币】

打印日期：2010 年 12 月 15 日 制表单位：财达证券有限公司

资金账户：360003533 股东代码：005626 股东名称：保平市祥云有限责任公司

开始日期：20101215 结束日期 20101215

当前资金余额： 可用余额：

日期	操作	证券代码	证券名称	成交数量	成交均价	参考成本	当期股票市价	摘要
20101215	证券卖出	600050	中国联通	100000	6.00	597 500	601 000	证券卖出
合计							601 000	

附件 5-4-2

成交过户交割单

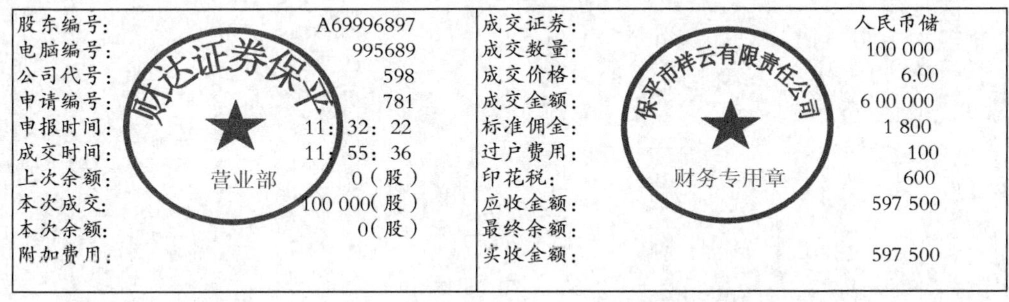

股东编号：	A69996897	成交证券：	人民币储
电脑编号：	995689	成交数量：	100 000
公司代号：	598	成交价格：	6.00
申请编号：	781	成交金额：	6 00 000
申报时间：	11：32：22	标准佣金：	1 800
成交时间：	11：55：36	过户费用：	100
上次余额：	0（股）	印花税：	600
本次成交：	100 000（股）	应收金额：	597 500
本次余额：	0（股）	最终余额：	
附加费用：		实收金额：	597 500

经办单位：财达证券公司 客户签章：保平市祥云有限责任公司

附件 5-4-3

中国银行进账单（收账通知） 3

2010 年 12 月 15 日　　　　第 06 号

收款人			付款人		
收款人	全称	保平市祥云有限责任公司	付款人	全称	财达证券有限公司
	账号	16030058576834527		账号	1596644302666
	开户银行	中国银行平安支行		开户银行	中国银行平安支行

金额	人民币（大写）	伍拾玖万柒仟伍佰元整	千	百	十	万	千	百	十	元	角	分
					¥	5	9	7	5	0	0	0	0

票据种类		
票据张数		收款人开户银行盖章
单位主管 孙凯 会计魏名 复核 刘宏 记账张欣		

中国银行平安支行 2010年12月15日 转讫

此联是开户银行交给收款人的收账通知

5. 2010 年 2 月 1 日，公司从活跃市场上购入 5 年期债券，面值 1 000 000 元，票面利率 4.5%。按年支付利息，本金最后一次支付，划分为持有至到期投资。原始凭证见附件 5-5-1 和附件 5-5-2。

附件 5-5-1

成交过户交割单

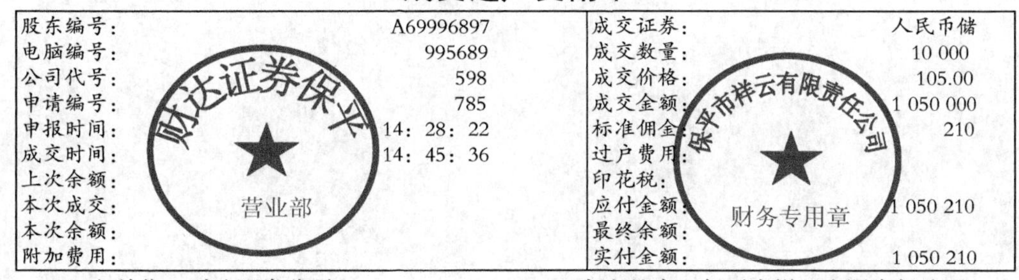

项目	内容	项目	内容
股东编号：	A69996897	成交证券：	人民币储
电脑编号：	995689	成交数量：	10 000
公司代号：	598	成交价格：	105.00
申请编号：	785	成交金额：	1 050 000
申报时间：	14：28：22	标准佣金：	210
成交时间：	14：45：36	过户费用：	
上次余额：		印花税：	
本次成交：		应付金额：	1 050 210
本次余额：		最终余额：	
附加费用：		实付金额：	1 050 210

财达证券保平 营业部

保平市祥云有限责任公司 财务专用章

经办单位：财达证券公司　　　　客户签章：保平市祥云有限责任公司

附件 5–5–2

资金对账单【人民币】

打印日期：2010 年 2 月 1 日　制表单位：财达证券有限公司

资金账户：360003533　股东代码：005626　股东名称：保平市祥云有限责任公司

开始日期：20100201 结束日期：20100201

当前资金余额：1 100 000　　　可用余额：1 100 000

日期	操作	证券代码	证券名称	成交数量	成交均价	参考成本	摘要
20100201	证券买入	010107	21 国债（7）	10000	105.00	1050210	证券买入
合计							

6. 2010 年 12 月 31 日企业根据利息费用计算表计提利息。原始凭证见附件 5–6。

附件 5–6

利息费用计算表

单位：元

年份	期初摊余成本（a）	实际利息（b）（按 3% 计算）	现金流入（c）	期末摊余成本（d=a+b–c）
2010				

7. 2010 年 7 月 13 日从二级市场购入股票 100 000 股，款项支付。该股票划分为可供出售金融资产。原始凭证见附件 5–7–1、附件 5–7–2 和附件 5–7–3。

附件 5–7–1

成交过户交割单

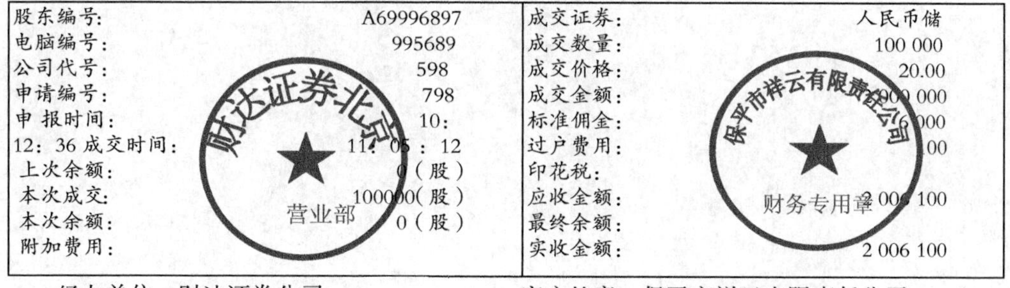

股东编号:	A69996897	成交证券:	人民币储
电脑编号:	995689	成交数量:	100 000
公司代号:	598	成交价格:	20.00
申请编号:	798	成交金额:	2 000 000
申 报时间:	10:	标准佣金:	6 000
12: 36 成交时间:	11: 05 : 12	过户费用:	100
上次余额:	0（股）	印花税:	
本次成交:	100000（股）	应收金额:	2 006 100
本次余额:	0（股）	最终余额:	
附加费用:		实收金额:	2 006 100

经办单位：财达证券公司　　　　客户签章：保平市祥云有限责任公司

附件 5-7-2

资金对账单【人民币】

打印日期：2010 年 7 月 13 日 制表单位：财达证券有限公司

资金账户：360003533 股东代码：005626 股东名称：保平市祥云有限责任公司

开始日期：20100713 结束日期 20100713

当前资金余额： 可用余额：

日期	操作	证券代码	证券名称	成交数量	成交均价	参考成本	当期股票市价	摘要
20100713	证券买入	600550	天威保变	100 000	20.00	2 006 100	2 000 000	证券买入
合计							2 000 000	

附件 5-7-3

中国银行

转账支票存根

10401320

00063468

附加信息

出票日期 2010 年 7 月 5 日

收款人：

金　额：2 006 100.00

用　途：

单位主管：　　　　会计：

8. 公司 2010 年 4 月 15 日以货币资金对天海公司投资。原始凭证见附件 5-8-1、附件 5-8-2 和附件 5-8-3。

附件 5-8-1

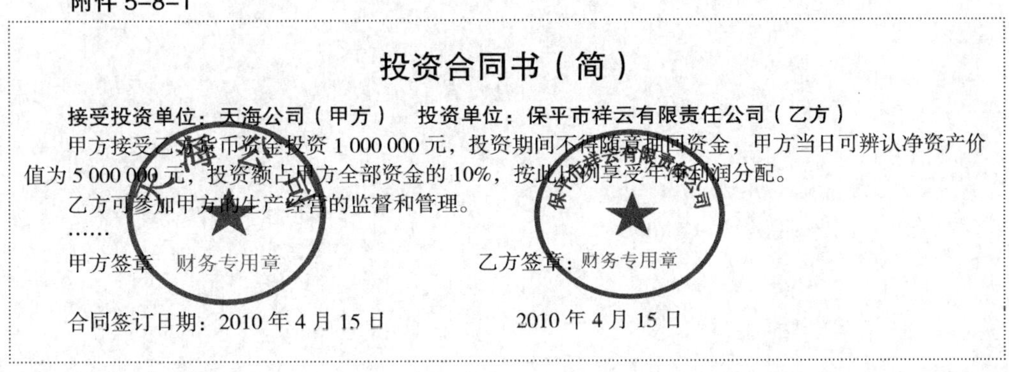

投资合同书（简）

接受投资单位：天海公司（甲方） 投资单位：保平市祥云有限责任公司（乙方）

甲方接受乙方货币资金投资 1 000 000 元，投资期间不得随意抽回资金，甲方当日可辨认净资产价值为 5 000 000 元，投资额占甲方全部资金的 10%，按此比例享受年净利润分配。

乙方可参加甲方的生产经营的监督和管理。

……

甲方签章 财务专用章　　　　乙方签章：财务专用章

合同签订日期：2010 年 4 月 15 日　　　　2010 年 4 月 15 日

附件 5-8-2

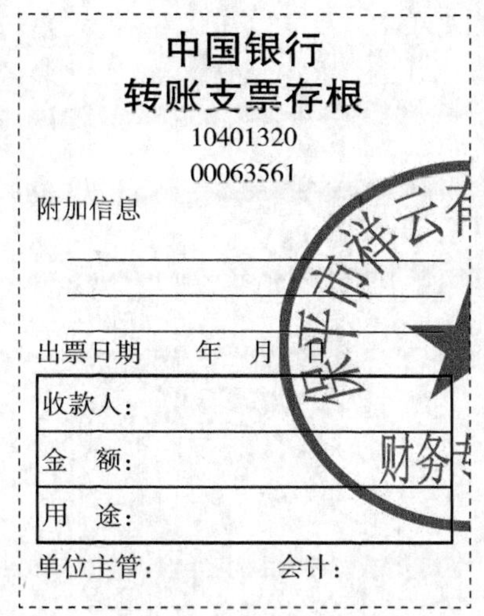

中国银行
转账支票存根
10401320
00063561
附加信息

出票日期 年 月 日

收款人：
金　额：
用　途：

单位主管： 会计：

附件 5-8-3

保平市工商企业资金往来发票

No00072541

客户名称：保平市祥云有限责任公司 2010 年 4 月 15 日

往来项目	往来金额										此发票适用范围
	千	百	十	万	千	百	十	元	角	分	
投资款项		1	0	0	0	0	0	0	0	0	本发票用于在本市的工商企业发生除销售、提供劳务以外的资金往来时使用。
小写金额合计	¥	1	0	0	0	0	0	0	0	0	
大写金额合计：人民币壹佰万元整											

开票单位：天海公司　　开票人：孙亮

实训六 筹资岗位核算实训

一、岗位职责

1. 研究相关信息，对企业所处的资本市场和政策变动情况进行全面评估和分析，动态跟踪金融市场的供求、利率、筹资成本、筹资方式的变动。

2. 分析企业财务状况，分析并评价企业的资本负债结构现状，预测企业的最佳资本结构。

3. 负责企业经营所需资金的筹划工作，策划组织相关的筹资活动，对企业的经营活动的未来现金流量进行预测，提出现金需求方案，分析各种筹资方案对企业财务状况、损益状况的影响，提出筹资方案。

4. 开发新的筹资渠道，完成企业的筹资任务。

5. 办理与筹资有关的经济业务，包括办理各种借款的手续，填制借款借据等原始凭证，编制各种记账凭证，和登记有关明细账等。

二、实训目的

教学目的：通过实训操作，使实验者了解筹资岗位工作相关的基础知识、了解各种借款的办理程序、我国的注册资本制度以及发行企业债券的条件，掌握各种凭证的填写及账簿的登记。

能力目标：熟悉借款的种类；会计算借款和应付债券的利息；会填制有关借款业务的原始凭证、编制记账凭证登记相关明细账 。

知识目标：认识借款的含义及种类；了解借款在企业中的重要地位和作用；掌握借款业务的账户设置和账务处理；理解实收资本的含义；了解股份有限责任公司的设立方式；理解资本公积的含义及来源。

三、模拟企业概况

企业名称：保平市祥云有限责任公司

单位地址：保平市新一区平安大街 555 号

法人代表：李榛杨

财务负责人：张颖

出纳：王佳

会计：赵丹

主管会计：王帆

税务登记类型：一般纳税人企业

开户银行：中国银行平安支行　　行号 6608

账号：16030058576834527

税务登记号：350603001112348

联系电话：0312-50506666

四、实训材料准备

账簿：短期借款、长期借款明细账。

凭证：现金收款凭证、现金付款凭证、银行收款凭证、银行付款凭证、转账凭证；记账凭证封皮。

工具：蓝（黑）红色签字笔、算盘、计算器、个人名章、夹子、尺子、刀子、胶水、曲别针。

五、实训要求

1. 填写有关空白原始凭证
2. 根据原始凭证编制记账凭证
3. 登记短期借款、长期借款和应付债券明细账
4. 对账，定期和银行核对借款账目，以及定期将明细账和总账进行核对。

六、实训资料

保平市祥云有限责任公司 2010 年 1 月份经济业务如下：

1. 2010 年 1 月 1 日，与中国农业银行永华支行签订一借款合同，借款金额 80000 元，期限六个月，年利率为 12%。期满后一次还本付息。原始凭证见附件 6-1-1 和附件 6-1-2。

附件 6-1-1

借款借据（入账通知）

单位编号　　　　**借款日期 2010 年 01 月 01 日**　　　　**借据编号 3026**

<table>
<tr><td colspan="2">借款人</td><td colspan="4">保平市祥云有限责任公司</td><td colspan="4">借据编号</td><td colspan="9">131200900123456</td></tr>
<tr><td colspan="2">借款种类</td><td>专门借款</td><td>借款用途</td><td colspan="6">临时周转</td><td colspan="4">利率 %</td><td colspan="5">12</td></tr>
<tr><td rowspan="2">贷款账号</td><td>本币</td><td colspan="2">38937200456000598</td><td rowspan="2">存款账号</td><td>本币</td><td colspan="13">38937200456000789</td></tr>
<tr><td>外币</td><td colspan="2"></td><td>外币</td><td colspan="13"></td></tr>
<tr><td colspan="2" rowspan="2">币种及金额（大写）</td><td colspan="4" rowspan="2">人民币捌万元整</td><td>百</td><td>十</td><td>亿</td><td>千</td><td>百</td><td>十</td><td>万</td><td>千</td><td>百</td><td>十</td><td>元</td><td>角</td><td>分</td></tr>
<tr><td></td><td></td><td></td><td></td><td></td><td>¥</td><td>8</td><td>0</td><td>0</td><td>0</td><td>0</td><td>0</td><td>0</td></tr>
<tr><td colspan="2">借款合同编号</td><td colspan="2">农银字 (2010) 第 1 号</td><td colspan="2">担保合同编号</td><td colspan="13">1393200900001001</td></tr>
<tr><td colspan="2">借款日期</td><td colspan="2">2010 年 1 月 1 日</td><td colspan="2">到期日期</td><td colspan="13">2010 年 06 月 30 日</td></tr>
<tr><td colspan="19">上述贷款已入借款人账户</td></tr>
</table>

农业银行永华支行
2010年01月01日
转讫

附件 6-1-2

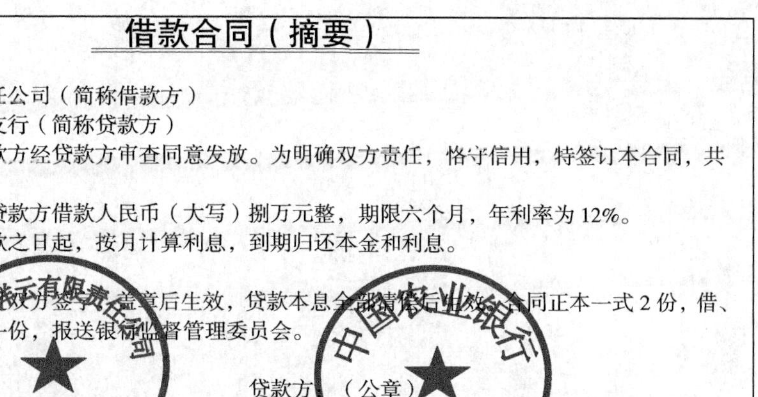

借款合同（摘要）

立合同单位：

保平市祥云有限责任公司（简称借款方）

中国农业银行永华支行（简称贷款方）

根据国家规定，借款方经贷款方审查同意发放。为明确双方责任，恪守信用，特签订本合同，共同遵守。

第一条　借款方向贷款方借款人民币（大写）捌万元整，期限六个月，年利率为 12%。

第二条　自支用贷款之日起，按月计算利息，到期归还本金和利息。

……

第八条　本合同经借贷双方签字盖章后生效，贷款本息全部清偿后失效。合同正本一式 2 份，借、贷双方各执 1 份；副本一份，报送银行监督管理委员会。

借款方：（公章）　　　　　　　　　　贷款方：（公章）

法人代表：（签字）李榛杨　　　　　　法人代表：（签字）王红

开户银行及号：中国银行平安支行 行号 6608

签约日期：　2010 年 1 月 1 日

2. 1 月 31 日，计提上述借款当月利息。原始凭证见附件 6-2。

附件 6-2

借款利息计算表

年　月　日

起讫期	借款种类	计息基数	年利率	利息金额
1.1-1.31				
合计				

审核：　　　　　　　　　　　　制单：

3. 2009 年 7 月 1 日，与中国工商银行红星支行签订一借款合同，借款金额 100 000 元，期限六个月，年利率为 6%。期满后一次还本付息。2010 年 1 月 1 日支付该笔借款本金和利息。原始凭证见附件 6-3。

附件 6-3

中国工商银行 贷款本金利息收回凭证

收款日期 2010 年 1 月 1 日

贷款户名	保平市祥云有限责任公司		贷款科目	123456	
存款账号	38937200456000598	还款账号	38937200456000789	分账号	
还款账户名	保平市祥云有限责任公司			交易类型	转账
贷款原贷日 2009/7/1 贷款到期日 2010/01/01 借据号 0002364578 合同号 BB0056 归还本金 100 000.00 归还应收利息 0.00 归还复利 0.00 归还当期利息 3 000.00 还款合计 103 000.00 结欠本金 0.00 贷款五级分类 正常 截止还款日结欠利息 0.00					

第一联 回单

事后监督　　授权　　复核　　柜员 240356

4. 2010 年 1 月 1 日，公司与中国银行五四路支行签订一借款合同，期限两年，年利率为 9%。每年付息一次，期满后一次还清本金。原始凭证见附件 6-4-1 和附件 6-4-2。

附件 6-4-1

（放款） 借款借据（入账通知）

单位编号　　借款日期 2010 年 01 月 01 日　　借据编号 3026

借款人		保平市祥云有限责任公司			借据编号	45213698 0123456										
借款种类		专门借款	借款用途	建造厂房		利率%				9						
贷款账号	本币	45617562954327851	存款账号	本币	45617562954536983											
	外币			外币												
币种及金额（大写）		人民币壹佰万元整			百	十	亿	千	百	十	万	千	百	十	元	角	分
								¥	1	0	0	0	0	0	0	0	0
借款合同编号		中银字(2010)第1号	担保合同编号		1393200900001001											
借款日期		2010年1月1日	到期日期		2011年12月31日											
上述贷款已入借款人账户																

中国银行五四支行 2010年01月01日 转讫

附件 6-4-2

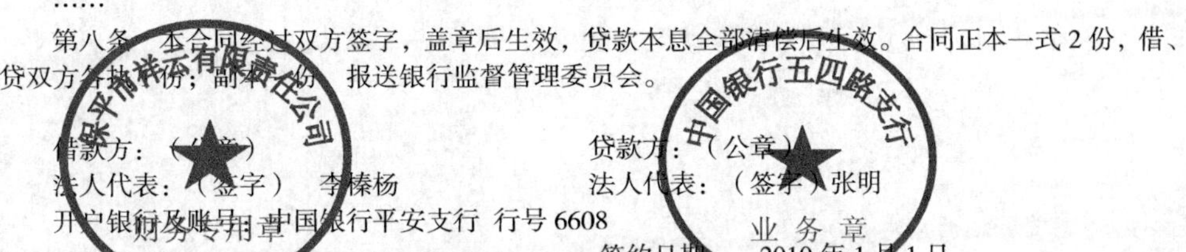

借款合同（摘要）

立合同单位：

保平市祥云有限责任公司（简称借款方）

中国银行五四路支行（简称贷款方）

根据国家规定，借款方经贷款方审查同意发放。为明确双方责任，恪守信用，特签订本合同，共同遵守。

第一条 借款方向贷款方借款人民币（大写）壹佰万元整，期限两年，年利率为 12%。

第二条 自支用贷款之日起，按年计算支付利息，到期归还本金。

……

第八条 本合同经过双方签字，盖章后生效，贷款本息全部清偿后失效。合同正本一式 2 份，借、贷双方各执一份；副本一份，报送银行监督管理委员会。

借款方：（公章） 贷款方：（公章）

法人代表：（签字） 李榛杨 法人代表：（签字）张明

开户银行及账号：中国银行平安支行 行号 6608

签约日期： 2010 年 1 月 1 日

5. 2010 年 1 月 10 日支付工程款。原始凭证见附件 6–5

附件 6–5

中国银行
转账支票存根
10401320
00064256

附加信息

出票日期 年 月 日

收款人：

金 额：

用 途：

单位主管： 会计：

6. 2010 年 8 月 31 日，该项工程达到预定可使用状态，计提 1~8 月份利息。原始凭证见附件 6–6。

附件 6–6

借款利息计算表

年 月 日

起讫期	借款种类	计息基数	年利率	利息金额
1.1–8.31				
合计				

审核： 制单：

7. 2010 年 8 月 31 日，该项工程验收合格。原始凭证见附件 6–7。

附件 6–7

固定资产验收单

<table>
<tr><td>名称</td><td colspan="2">规格型号</td><td>来源</td><td>数量</td><td>购（造）价</td><td>使用年限</td><td>预计残值</td></tr>
<tr><td>厂房</td><td colspan="2"></td><td></td><td></td><td>1 060 000</td><td>20 年</td><td>0</td></tr>
<tr><td>安装费</td><td colspan="2">月折旧率</td><td colspan="2">建造单位</td><td>交工日期</td><td colspan="2">附件</td></tr>
<tr><td></td><td colspan="2"></td><td colspan="2">保定市第一建筑公司</td><td>2010 年 8 月 31 日</td><td colspan="2"></td></tr>
<tr><td>验收部门</td><td>张一</td><td>验收员</td><td>李四</td><td>管理部门</td><td>郭五</td><td>管理员</td><td>严红</td></tr>
<tr><td>备注</td><td colspan="7"></td></tr>
</table>

8. 2010 年 12 月 31 日计提 9–12 月份的利息。原始凭证见附件 6–8。

附件 6–8

借款利息计算表

年　月　日

起讫期	借款种类	计息基数	年利率	利息金额
9.1–12.31				
合计				

审核:　　　　　　　　　　　　　　　　　　制单:

9. 2010 年 12 月 31 日支付本年的长期借款利息。原始凭证见附件 6–9。

附件 6-9

中国银行　贷款本金利息收回凭证

2010 年 12 月 31 日

贷款户名	保平市祥云有限责任公司			贷款科目	123478
贷款账号	45617562954327851	还款账号	45617562954536983	分账号	
还款账户名	保平市祥云有限责任公司			交易类型	转账

贷款原贷日　2010/1/1　贷款到期日　2010/12/31　借据号 0002365689 合同号 BB0467
归还本金　0.00
归还应收利息　0.00　　归还复利　0.00
归还当期利息　90 000.00　　还款合计　90 000.00
结欠本金　1 000 000.00　　贷款五级分类　正常
截止还款日结欠利息 0.00

第一联 回单

事后监督：　　授权：　　复核：　　柜员：450356

10. 保平市祥云有限责任公司 2010 年 1 月 1 日经批准发行两年期面值为 100 元的债券 20 000 张，债券年利率为 3%，每半年计息一次，到期一次归还本金和利息。该债券发行银行收款为 196.192 万元，债券实际利率为年利率 4%。该债券所筹集资金全部用于新生产线的建设，该生产线于 2010 年 6 月 31 日完工交付使用。债券溢折价采用实际利率法摊销，每年 6 月 30 日和 12 月 31 日计提利息。请作出发行债券时的记账凭证。原始凭证见附件 6-10-1 和附件 6-10-2。

附件 6-10-1

中国银行进账单（收账通知）　3

2010 年 1 月 1 日

收款人	全　称	保平市祥云有限责任公司	付款人	全　称	中国银行平安支行证券部
	账　号	16030058576834527		账　号	16030058576675490
	开户银行	中国银行平安支行		开户银行	中国银行平安支行

人民币（大写）	人民币 壹佰玖拾陆万壹仟玖佰贰拾元整	百	十	万	千	百	十	元	角	分
		1	9	6	1	9	2	0	0	0

票据种类		收款人开户银行盖章
票据张数	1	
单位主管王帆 会计 赵丹 复核 刘宏 记账张欣		

此联是开户行交给收款人的收账凭证

附件 6-10-2

代理发行企业债券协议书（摘要）

发行债券单位：保平市祥云有限责任公司（甲方）

代理发行债券单位：中国银行平安支行证券部（乙方）

为解决甲方因自有资金不足的困难，保证企业生产经营的正常进行，经中国人民银行保定分行批准，发行企业债券 20000 张，面值为 100 元，期限为 2 年，年利率为 4%，委托乙方采用代销方式代理发行，为明确责任，经双方协商，达成如下协议：

一、甲方为企业债券的债务人，承担债券的全部风险和经济、法律责任，债券的设计、印刷等费用全由甲方负责，乙方协商办理。

二、乙方为甲方债券发行的代理人，负责债券的保管、发行、兑付、销毁工作，但不承担债券到期不能按时支付本息的经济责任和法律责任。

……

五、发行债券筹集的资金，甲方只能按人民银行批准的项目用于生产线的建设，不能挪为他用。

六、本协议一式五份，甲乙双方各执一份，担保方一份，报送人民银行两份。协议至人民银行批准后生效。

财务专用章	业务章	财务专用章
发行债券单位	代理发行单位	发行担保单位
法人代表章	法人代表章	法人代表章

（印章：保平市祥云有限责任公司；中国银行平安支行；胜利股份有限公司）

11. 2010 年 6 月 30 日计提上述应付债券利息。原始凭证见附件 6-11。

附件 6-11

借款利息计算表

年 月 日

起讫期	借款种类	计息基数	年利率	利息金额
1.1-6.30				
合计				

审核： 制单

12. 2010 年 12 月 31 日计提利息。原始凭证见附件 6-12。

附件 6-12

借款利息计算表

年 月 日

起讫期	借款种类	计息基数	年利率	利息金额
7.1-12.31				
合计				

审核： 制单

13. 保平市祥云有限责任公司属于工业企业，为增值税一般纳税人，由东方制造有限公司、华泰制造有限公司两位股东于 2010 年 1 月 1 日共同出资设立，注册资本 1000 万元。出资协议规定，东方制造有限公司、华泰制造有限公司两位股东出资比例分别为 60%、40%。其中，东方制造有限公司：货币资金出资 200 万元，一条生产线出资 300 万元，材料出资 100 万元；华泰制造有限公司：货币资金出资 200 万元，厂房出资 200 万元。全部出资于 2010 年 1 月 1 日已经全部到位，并经中国注册会计师验证，有关法律手续已经办妥。原始凭证见附件 6-13-1 至附件 6-13-13。

（1）保平市祥云有限责任公司接受东方制造有限公司出资时的原始单据为投资协议书、验资报告、银行进账单、固定资产验收单、收料单、增值税专用发票等。

附件 6-13-1

验资报告

保平市祥云有限责任公司（筹）：

……

根据协议、章程的规定，贵公司（筹）申请登记的注册资本为人民币 1000 万元，由全体股东一次性于 2010 年 1 月 1 日之前缴足。本次出资的出资额为人民币 1000 万元，应由东方制造有限公司、华泰制造有限公司于 2008 年 1 月 1 日之前缴纳。经我们审验，截至 210 年 1 月 1 日止，贵公司（筹）已收到东方制造有限公司、华泰制造有限公司缴纳的注册资本（股本）合计人民币壹仟万元整（大写）。各股东以货币出资 400 万元，固定资产出资 500 万元，原材料出资 100 万元。

……

保北信达会计师事务所

中国注册会计师：张明

（盖章）

（主任会计师 / 副主任会计师）

中国注册会计师：李辉

2010 年 1 月 1 日

附件 6-13-2

投资协议书（摘要）

投出单位：东方制造有限公司

投入单位：保平市祥云有限责任公司

……

第三，东方制造有限公司向胜利股份有限公司投资 6 000 000 元，其中：货币资金出资 2 000 000 元，固定资产（生产线）出资 3 000 000 元，材料出资 1 000 000 元。

第四，东方制造有限公司投资后占胜利股份有限公司股本的 60%。

第五，东方制造有限公司必须在 2010 年 1 月 1 日前向祥云有限责任公司出资。

……

投出单位

投入单位

2010.1.1

附件 6-13-3

保平市工商企业资金往来发票

No00086512

客户名称：东方制造有限公司　　　　2010 年 12 月 1 日

往来项目	往来金额										此发票适用范围
	千	百	十	万	千	百	十	元	角	分	
投资款项		2	0	0	0	0	0	0	0	0	本发票用于在本市的工商企业发生除销售、提供劳务以外的资金往来时使用。
小写金额合计		[illegible]	0	0	0	0	0	0	0	0	
大写金额合计：人民币贰佰万元整											

开票单位：保平市祥云有限责任公司　　　　开票人：王佳

附件 6-13-4

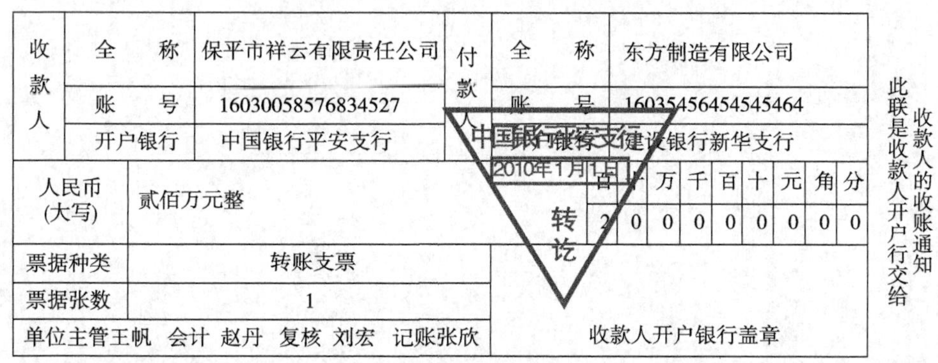

中国银行进账单（收账通知）　3

2010 年 1 月 1 日　　　　第 06 号

收款人	全　称	保平市祥云有限责任公司	付款人	全　称	东方制造有限公司									
	账　号	16030058576834527		账　号	16035456454545464									
	开户银行	中国银行平安支行		开户银行	建设银行新华支行									
人民币（大写）	贰佰万元整				百	十	万	千	百	十	元	角	分	
					2	0	0	0	0	0	0	0	0	
票据种类	转账支票				收款人开户银行盖章									
票据张数	1													
单位主管王帆　会计　赵丹　复核　刘宏　记账张欣														

此联是收款人开户行交给收款人的收账通知

附件 6-13-5

固定资产验收单

2010 年 1 月 1 日　　　　编号 1

名 称	规格型号	来源	数量	购（造）价	使用年限	预计残值
甲生产线		投入	1	3 000 000 元	10	100 000
安装费	月折旧率	建造单位		交工日期	附件	
				2010 年 1 月 1 日		
验收部门	王力	验收员	刘天	管理部门	赵川	管理员	钱亮
备注	该固定资产为东方制造有限公司投入。					

附件 6-13-6

1300201230 **河北增值税专用发票** № 00302285

此联不做报税、扣税凭证使用 开票日期：2009 年 12 月 31 日

购货单位	名　　称：保平市祥云有限责任公司 纳税人识别号：350603001112348 地址、电话：保平市新一区平安大街 555 号 0312-50506666 开户行及账号：中国银行平安支行 16030058576834527					密码区	365887478/>+<1248<-< 加密版本 :01 *+--457-</148<-22-45 8641516972 *-4-78>879458136845<7+0 14785412 9/92/279>>->98>><1 478131
货物或应税劳务名称	规格型号	单位	数量	单价	金额	税率	税额
A 材料		千克	2 000	427.35	854 700.00	17%	145 299.00
合　计					854 700.00		145 299.00
价税合计（大写）	壹佰万元整				（小写）¥1 000 000.00		
销货单位	名　　称：东方制造有限公司 纳税人识别号：2523456543789643 地址、电话：保平市新华路 112 号 6879321 开户行及账号：建行新华支行 16035456454545464					备注	东方制造有限公司 210103358112652 发票专用章

第二联：发票联 购货方记账凭证

附件 6-13-7

1300201230 **河北增值税专用发票** № 00302285

国家税务总局监制

开票日期：2009 年 12 月 31 日

购货单位	名　　称：保平市祥云有限责任公司 纳税人识别号：350603001112348 地址、电话：保平市新一区平安大街 555 号 0312-50506666 开户行及账号：中国银行平安支行 16030058576834527					密码区	365887478/>+<1248<-< 加密版本 :01 *+--457-</148<-22-45 8641516972 *-4-78>879458136845<7+0 14785412 9/92/279>>->98>><1 478131
货物或应税劳务名称	规格型号	单位	数量	单价	金额	税率	税额
A 材料		千克	2 000	427.35	854 700.00	17%	145 299.00
合　计					854 700.00		145 299.00
价税合计（大写）	壹佰万元整				（小写）¥1 000 000.00		
销货单位	名　　称：东方制造有限公司 纳税人识别号：2523456543789643 地址、电话：保平市新华路 112 号 6879321 开户行及账号：建行新华支行 16035456454545464					备注	东方制造有限公司 210103358112652 发票专用章

第三联：抵扣联 购货方扣税凭证

附件 6-13-8

收　料　单

收料仓库：1

供应单位：东方制造有限公司　　2010 年 1 月 1 日　　发票号码：1202

材料编号	材料名称	规格	计量单位	数量		实际价格			
				应收	实收	实际价格	发票金额	运费	合计
02	A 材料		千克	2 000	2 000	427.35	854 700		854 700
备注									

采购员：××　　检验员：××　　记账员：××　　保管员：××

（2）保平市祥云有限责任公司接受华泰制造有限公司出资时的原始单据为投资协议书、验资报告、银行进账单、固定资产验收单等。

附件 6-13-9

投资协议书

投出单位：华泰制造有限公司

投入单位：保平市祥云有限责任公司

……

第三，华泰制造有限公司向祥云有限责任公司投资 4 000 000 元，其中：货币资金出资 2 000 000 元，厂房出资 2 000 000 元。

第四，华泰制造有限公司投资后占祥云有限责任公司股本的 40%。

第五，华泰制造有限公司在 2010 年 1 月 1 日前向胜利股份有限公司出资。

……

投出单位　　（印章：华泰制造有限公司）　　投入单位　　（印章：保平市祥云有限责任公司 财务专用章）

2009.12.10

附件 6-13-10

保平市工商企业资金往来发票

No00086512

客户名称：华泰制造有限公司　　2010 年 12 月 1 日

往来项目	千	百	十	万	千	百	十	元	角	分	此发票适用范围
投资款项		2	0	0	0	0	0	0	0	0	本发票用于在本市的工商企业发生除销售、提供劳务以外的资金往来时使用。
小写金额合计		2	0	0	0	0	0	0	0	0	
大写金额合计：人民币贰佰万元整											

开票单位：保平市祥云有限责任公司　　开票人：王佳

附件 6-13-11

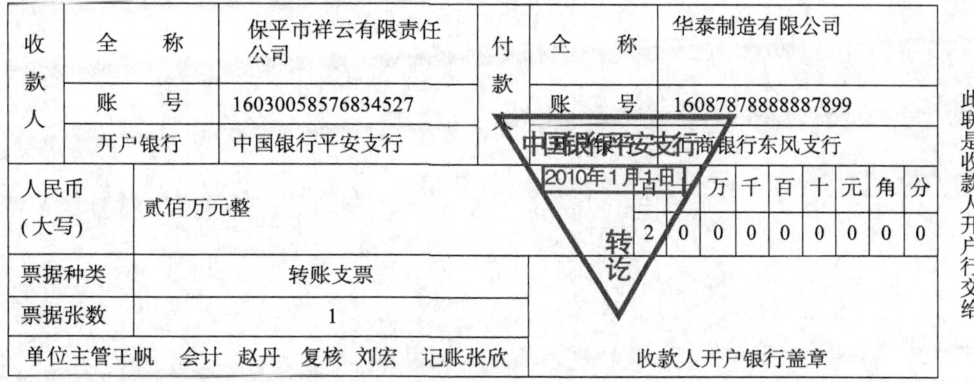

中国银行进账单（收账通知） 3

2010 年 1 月 1 日　　　　第 08 号

收款人	全称	保平市祥云有限责任公司	付款人	全称	华泰制造有限公司
	账号	16030058576834527		账号	16087878888887899
	开户银行	中国银行平安支行		开户银行	[illegible]商银行东风支行

人民币（大写）	贰佰万元整	百	十	万	千	百	十	元	角	分
		2	0	0	0	0	0	0	0	0
票据种类	转账支票									
票据张数	1									
单位主管王帆　会计　赵丹　复核　刘宏　记账张欣		收款人开户银行盖章								

此联是收款人开户行交给收款人的收账通知

附件 6-13-12

固定资产验收单

2010 年 1 月 1 日　　　　编号 1

名称	规格型号		来源	数量	购（造）价	使用年限	预计残值
厂房			投入	1	2 000 000 元	20	200 000
安装费	月折旧率		建造单位		交工日期	附件	
					2010 年 1 月 1 日		
验收部门	王力	验收人员	刘天	管理部门	赵川	管理人员	钱亮
备注	该固定资产为华泰制造有限公司投入。						

附件 6-13-13

验资报告

保平市祥云有限责任公司（筹）：

……

根据协议、章程的规定，贵公司（筹）申请登记的注册资本为人民币 1000 万元，由全体股东一次性于 2010 年 1 月 1 日之前缴足。本次出资额为人民币 1000 万元，应由东方制造有限公司、华泰制造有限公司于 2008 年 1 月 1 日之前缴纳。经我们审验，截至 2010 年 1 月 1 日止，贵公司（筹）已收到东方制造有限公司、华泰制造有限公司缴纳的注册资本（实收资本）合计人民币壹仟万元整（大写）。各股东以货币出资 400 万元，固定资产出资 500 万元，原材料出资 100 万元。

……

保平信达会计师事务所　财务专用章

保平信达会计师事务所（盖章）

中国注册会计师：张明

（主任会计师 / 副主任会计师）

中国注册会计师：李辉

2010 年 1 月 1 日

14. 2010 年 12 月 31 日，保平市祥云有限责任公司为了扩大经营规模，经批准，

按照原出资比例将资本公积 1 000 000 元转增资本。原始凭证见附件 6–14。

附件 6–14

验资报告

保平市祥云有限责任公司：

……

贵公司原注册资本为人民币 1 000 万元，根据贵公司第三次股东大会决议和修改后章程的规定，贵公司申请增加注册资本人民币 100 万元，由资本公积转增注册资本，变更后的注册资本为人民币 1 100 万元。经我们审验，截至 2010 年 12 月 31 日止，贵公司已将资本公积壹佰万元（大写）转增注册资本。

……

保平信达会计师事务所（公章）　　主任会计师：张明
（或副主任会计师）
中国注册会计师：

地址：中国保平市　　报告日期：2010 年 12 月 31 日

实训七 职工薪酬岗位核算实训

一、岗位职责

1. 审核发放工资、奖金

严格按照公司工资、奖金核算办法支付工资和各种奖金。

2. 编制工资表，办理代扣款项

每月根据经人事部门审核、主管经理审批后的考勤表，依据出勤天数、岗位标准、各种补贴和奖金分配方案等有关内容，按照项目和部门归集，正确编制工资表，并办理代扣款项（包括计算个人所得税、住房基金、养老保险、医疗保险、失业保险等）。

3. 负责工资的明细核算

做好工资台账和应付职工薪酬明细账的登记工作。

4. 计提工会经费、职工教育经费、五险一金等

依据国家规定，按职工工资总额的一定比例，计算并提取职工教育经费、工会经费等有关费用，并进行账务处理。

5. 负责工资分配的核算

按照工资支付对象和成本核算的要求，编制工资分配表，向有关部门提供工资分配的明细资料。

二、实训目的

教学目的：通过实训操作，使实验者了解我国的职工薪酬核算制度，掌握职工薪酬的账务处理。

能力目标：能够根据实验操作资料正确理解原始凭证，并能够编制记账凭证。

知识目标：了解工资核算的内容；理解职工薪酬的含义。

三、模拟企业概况

企业名称：保平市祥云有限责任公司

单位地址：保平市新一区平安大街555号

法人代表：李榛杨

财务负责人：张颖

出纳：王佳

会计：赵丹

主管会计：王帆

税务登记类型：一般纳税人企业

开户银行：中国银行平安支行　　行号 6608

账号：16030058576834527

税务登记号：350603001112348

联系电话：0312-50506666

四、实训材料准备

账簿：应付职工薪酬明细账。

凭证：现金收款凭证、现金付款凭证、银行收款凭证、银行付款凭证、转账凭证；记账凭证封皮。

工具：蓝（黑）红色签字笔、算盘、计算器、个人名章、夹子、尺子、刀子、胶水、曲别针。

五、实训要求

1. 填写有关空白原始凭证
2. 根据原始凭证编制记账凭证

六、实训资料

1. 根据工资汇总表，开出现金支票，提取现金，准备发放工资。原始凭证见附件 7-1。

附件 7-1

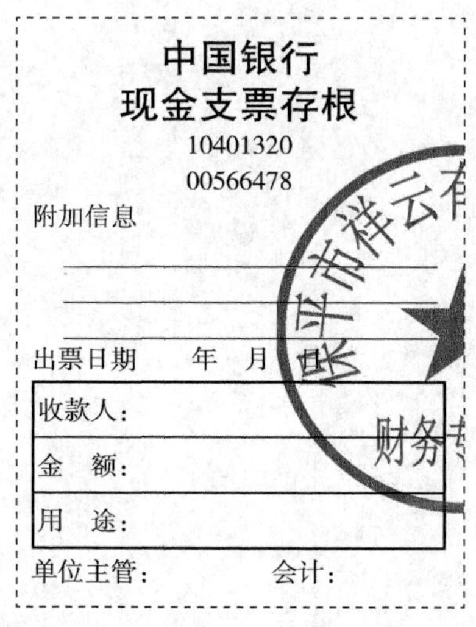
中国银行
现金支票存根
10401320
00566478

附加信息

出票日期　　年　月　日

收款人：

金　额：

用　途：

单位主管：　　　　会计：

2. 支付本月职工工资 227 865 元，按个人工资的 0.5%、6%、2%、8% 和 1% 的比例代扣个人应负担的工会经费、住房公积金、医疗保险费、养老保险费和失业保险费。原始凭证见附件 7–2。

附件 7–2

保平市祥云有限责任公司应付职工薪酬结算表

2010 年 10 月　　　　金额单位：元

序号	姓名	基本工资	岗位津贴	奖金	加班津贴	应扣工资		应付职工薪酬	代扣款项						实付职工薪酬
						病假	事假		工会经费	住房公积金	医疗保险	养老保险	失业保险	所得税	
1	马蓉	1 200	400	200	200	100		2 000	10	120	40	160	20	0	1650
2	李浩	1 300	300	300				1 900	9.5	114	38	152	19	0	15 67.5
3	王敏	1 200	300	200	600		400	1 900	9.5	114	38	152	19	0	1 567.5
4	张力	1 100	300	400			200	1 600	8	96	32	128	16	0	1 320
5	牛红	1 100	400	300				1 800	9	108	36	144	18	0	1 485
6	程英	1 000	200	500		100		1 600	8	96	32	128	16	0	1 320
…	…	…	…	…	…	…	…	…	…	…	…	…	…	…	…
合计								276 200	1 381	16 572	5 524	22 096	2 762	0	227 865

单位负责人：　　　　制单：

3. 根据祥云公司应付职工薪酬分配表，分配工资费用，原始凭证见附件 7–3。

附件 7–3

应付职工薪酬分配表

2010 年 10 月份　　　　金额单位：元

部门	人员	应付职工薪酬	分配对象	定额工时	分配率	分配金额
一车间	生产工人	93 800	80 型空调	2 000		
			100 型空调	3 000		
			合计	5000		
	管理人员	4 000				
二车间	生产工人	84 600	120 型空调	2 500		
			140 型空调	2 500		
			合计	50 00		
	管理人员	4 000				
销售部门		59 800				
行政管理部门		30 000				
合计		276 200				

4. 按照职工工资总额的 2% 和 2.5% 计提本月工会经费和职工教育经费。原始凭证见附件 7–4。

附件 7–4

工会经费及职工教育经费分配表

2010 年 10 月 31 日

应借科目		计提基数	工会经费		职工教育经费	
			计提比例	计提金额	计提比例	计提金额
生产成本	80 型空调		2%		2.5%	
	100 型空调		2%		2.5%	
	120 型空调		2%		2.5%	
	140 型空调		2%		2.5%	
制造费用			2%		2.5%	
管理费用			2%		2.5%	
销售费用			2%		2.5%	
合计		276 200				

5. 按照职工工资总额的20%、7.5%、2%、1%、0.6%和10%计提职工养老保险、医疗保险、失业保险、工伤保险、生育保险和住房公积金。原始凭证见附件7–5。

附件7–5

职工养老保险、医疗保险、失业保险、工伤保险、生育保险及住房公积金计提分配表

2010年10月31日

应借科目		计提基数	养老保险 20%	医疗保险 7.5%	失业保险 2%	工伤保险 1%	生育保险 0.6%	住房公积金 10%
生产成本	80型空调							
	100型空调							
	120型空调							
	140型空调							
制造费用								
管理费用								
销售费用								
合计		276 200						

6. 公司将自产的产品每人一件发放给职工作为个人福利，每件产品成本为1 000元，其中一车间直接生产人员为50人，车间管理人员2人，二车间直接生产人员为46人，车间管理人员2人，公司管理人员18人，专设销售机构人员30人，原始凭证见附件7–6–1和附件7–6–2。

附件7–6–1

福利发放分配表

2010年10月31日

科目 \ 部门		一车间	二车间	行政管理	销售机构	合计
生产成本	80型空调					
	100型空调					
	120型空调					
	140型空调					
制造费用						
管理费用						
销售费用						
合计						

附件 7-6-2

保平市祥云有限责任公司产品出库单

2010 年 10 月 31 日

产品名称及规格	计量单位	发出数量	单价	金额	用途
80 型空调	台	148	1 000	148 000	
备注：			合计		

计账： 审批人： 发料人：李峪

实训八 收入、费用、利润岗位核算实训

一、岗位职责

1. 参与企业的销售、费用、利润计划的制定，并监督执行。根据企业的生产能力及利润指标，按月、季、年编制销售计划，并落实到部门，保证计划的实现。

2. 负责销售发票的领购、开具和保管工作，做好销售及与销售业务有关的原始凭证的审核。

3. 正确确认收入的实现，不得提前和拖后。依据权责发生制，确认各项成本和费用，正确进行利润和利润分配的核算。做好销售、成本的明细核算工作。

4. 负责企业各项相关税费的计算与缴纳；负责利润计算及利润分配政策的执行。

5. 负责应收账款、应收票据管理。认真审查销售的有关凭证，按照销售合同的结算方式及银行结算制度，及时办理销售款项的结算，及时催收销售货款。

6. 协助有关部门对库存商品进行清查盘点，做到账实相符。

二、实训目的

教学目的：通过实训操作，了解岗位的职责，掌握收入、费用、利润工作相关的基础知识、各种结算凭证的填写及结算程序。

能力目标：掌握收入、费用、利润的管理，能够根据资料正确理解原始凭证并能够填制部分原始凭证，如增值税专用发票、银行进账单、费用报销单等。

知识目标：掌握企业收入、费用、利润管理制度，填制各种原始凭证，办理日常的收入、费用、利润核算工作。

三、模拟企业概况

企业名称：保平市祥云有限责任公司

单位地址：保平市平安大街 555 号

法人代表：李榛杨

财务负责人：张颖

出纳：王佳

会计：赵丹

主管会计：王帆

税务登记类型：一般纳税人企业

开户银行：中国银行平安支行　　　　行号 6608
账号：16030058576834527
税务登记号：350603001112348
联系电话：0312-50506666

四、实训材料准备

账簿：三栏式明细账。

凭证：银行收款凭证、银行付款凭证、转账凭证。

工具：蓝（黑）红色签字笔、算盘、计算器、个人名章、夹子、尺子、刀子、胶水、曲别针。

五、实训要求

1. 填制原始凭证
2. 根据原始凭证编制记账凭证
3. 登记明细账

六、实训资料

该公司 2010 年 9 月发生以下业务：

1. 1 日，向美华公司销售 A 产品 2 000 件，单价 200 元，增值税 68 000 元，收到转账支票已经送存银行。单位成本 120 元，企业开出增值税专用发票等，原始凭证见附件 8-1-1 和附件 8-1-2。

华美公司资料如下：
开户银行：建设银行新华支行
账号：29087650004302755
税务登记号：310556787656289
联系电话：0312 - 96667777　　公司地址：保平市新华路 121 号

附件 8–1–1

（中国银行）进账单（收账通知）3

2010 年 9 月 1 日

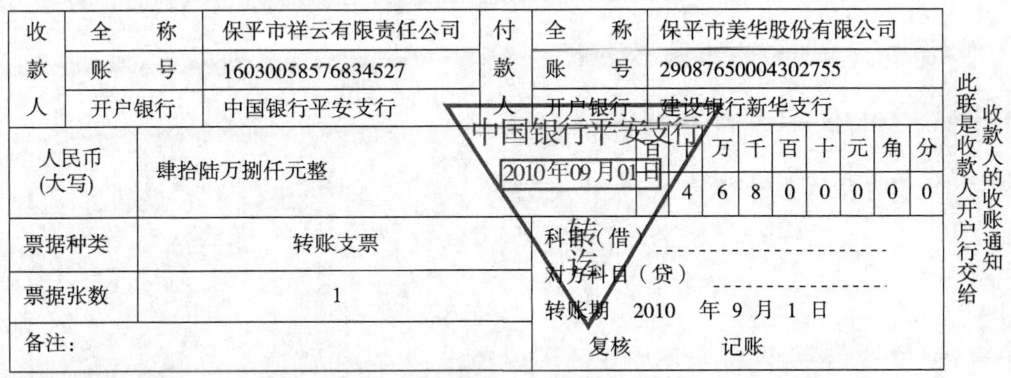

收款人	全　称	保平市祥云有限责任公司	付款人	全　称	保平市美华股份有限公司
	账　号	16030058576834527		账　号	29087650004302755
	开户银行	中国银行平安支行		开户银行	建设银行新华支行
人民币（大写）	肆拾陆万捌仟元整		百 十 万 千 百 十 元 角 分		4 6 8 0 0 0 0 0
票据种类	转账支票		科目（借）		
票据张数	1		对方科目（贷）		
			转账日期 2010 年 9 月 1 日		
备注：			复核	记账	

中国银行平安支行 2010年09月01日 转讫

此联是收款人开户行交给收款人的收账通知

附件 8–1–2

1300201230　　**河北增值税专用发票**　　№ 00301025

此联不做报税、扣税凭证使用　　开票日期：

购货单位	名　　称：		密码区	365887478/>+<1248<-< 加密版本:01 *+--457-</148<-22-45 8641516972 *-4-78>879458136845<7+0 14785412 9/92/279>>->98>><1 478131
	纳税人识别号：			
	地 址、电话：			
	开户行及账 号：			

货物或应税劳务名称	规格型号	单位	数量	单价	金额	税率	税额
合　计							
价税合计（大写）	⊗						

销货单位	名　　称：		备注	
	纳税人识别号：			
	地 址、电话：			
	开户行及账号：			

保平市祥云有限责任公司 350665003333 发票专用章

第一联：记账联　销货方记账凭证

2. 2 日，向夏越股份有限公司销售 B 产品 5 000 件，单价 80 元，公司为了及早收回货款而在合同中规定符合现金折扣的条件为 2/10、1/20、n/30。单位成本 50.00 元，支付运费 500 元，以转账支票付讫给联运公司。原始凭证见附件 8–2–1 至附件 8–2–4。

夏越股份有限公司资料如下：

开户银行：中国银行恒祥支行

账号：10026408746040 7087

税务登记号：2807935477231

联系电话：0312–59006477　　公司地址：保平市恒祥南大街 35 号

附件 8-2-1

1300201230 河北增值税专用发票 № 00301026

此联不做报税、扣税凭证使用 开票日期：

购货单位	名称： 纳税人识别号： 地址、电话： 开户行及账号：				密码区	365887478/>+<1248<-< 加密版本 :01 *+--457-</148<-22-45 8641516972 *-4-78>879458136845<7+0 14785412 9/92/279>>->98>><1 58432256		
货物或应税劳务名称	规格型号	单位	数量	单价	金额	税率	税额	
合计								
价税合计（大写）	（小写）							
销货单位	名称： 纳税人识别号： 地址、电话： 开户行及账号：				备注	保平市祥云有限责任公司 35066500333 发票专用章		

收款人： 复核： 开票人： 销货单位：

第一联：记账联 销货方记账凭证

附件 8-2-2

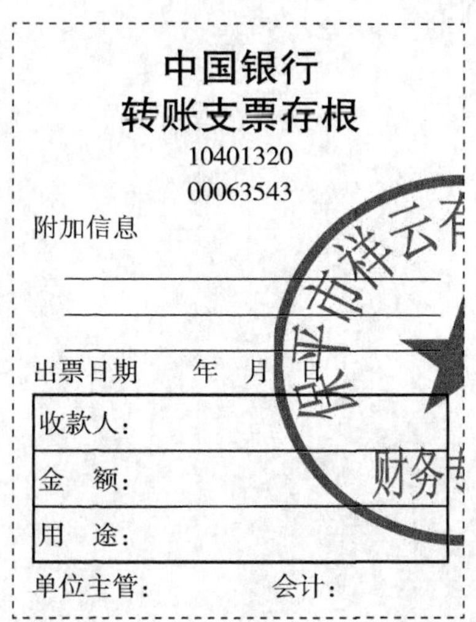

中国银行
转账支票存根
10401320
00063543

附加信息

出票日期 年 月 日

收款人：
金 额：
用 途：

单位主管： 会计：

附件 8-2-3

公路、内河货物运输业统一发票

发票联

发票代码：462030563452

开票日期：2010 年 9 月 2 日　　发票号码：0869976

机打代码 机打号码 机器编号	285673116739 00006783	税控码	（略）		
收货人及 纳税人识别号	夏越股份有限公司 2807935477231	承运人及 纳税人识别号		联运公司 53841795873627827	
发货人及 纳税人识别号	保平市祥云有限责任公司 350603001112348	主管税务机关 及代码		336030582	
运输项目及金额	货物名称 数量 运费金额 B 商品 1 500.00	其他项目及金额			备注
运费小计	¥500.00	其他费用小计			
合计（大写）	伍佰元整	（小写）¥500.00			

承运人（盖章）　　开票人：王平

第一联：发票联 付款方记账凭证

附件 8-2-4

保平市祥云有限责任公司产品出库单

年 月 日

产品名称及规格	计量单位	发出数量	单价	金额	用途
备注：			合计		

计账：　　审批人：　　发料人：李峪

3. 3 日，以现金支票支付正大广告公司广告费 20 000 元。原始凭证见附件 8-3-1 和附件 8-3-2。

附件 8–3–1

保平市广告业专用发票

No0025332

客户名称：保平市祥云有限责任公司　　　　2010 年 9 月 3 日

项目	单位	数量	单价	金额									
				千	百	十	万	千	百	十	元	角	分
广告费							2	0	0	0	0	0	0
合计（大写）贰万元整				¥20 000.00									

开票单位：正大广告公司　　　　开票人：张鑫

附件 8–3–2

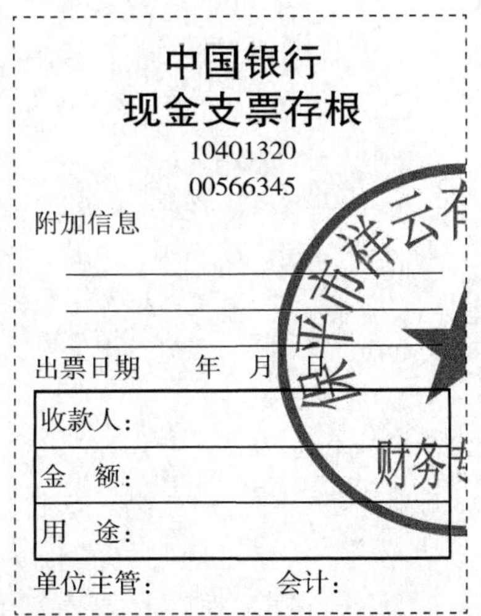

中国银行
现金支票存根
10401320
00566345

附加信息

出票日期　　年　月　日

收款人：

金　额：

用　途：

单位主管：　　　会计：

4．6 日，收到夏越公司 2 日所欠货款。原始凭证见附件 8–4。

附件 8-4

中国银行 进　账　单（收账通知）　3

2010 年 9 月 6 日

收款人	全 称	保平市祥云有限责任公司	付款人	全 称	保平市夏越股份有限公司
	账 号	16030058576834527		账 号	10026408746047087
	开户银行	中国银行平安支行		开户银行	中国银行恒祥支行

金额	人民币（大写）肆拾陆万元整	千	百	十	万	千	百	十	元	角	分
				4	6	0	0	0	0	0	0

票据种类	转账支票	科目（借）
票据张数	1	对方科目（贷）
备注：		转账日期　2010 年 9 月 6 日
		复核　　记账

中国银行平安支行　2010年09月06日　转讫

此联是收款人开户行交给收款人的收账通知

5. 10 日，公司委托长虹商贸有限公司代销 A 产品 1 000 件，协议买断价每件 180 元。单位成本每件 105 元。原始凭证见附件 8-5-1 和附件 8-5-2。

附件 8-5-1

代销货物协议

第一条，合同的各方为：
供货方：保平市祥云有限责任公司（甲方）
代销方：保平市长虹商贸有限公司（乙方）
第二条，甲方委托乙方代销 A 商品 1000 件，协议买断价每件 180 元。
第三条，乙方采用买断方式代销 A 商品。
……
第八条，本协议自签订之日起生效。

甲方（公章）：　　　　　　乙方（公章）：
2010 年 9 月 10 日　　　　2010 年 9 月 10 日

附件 8-5-2

保平市祥云有限责任公司产品出库单

年　月　日

产品名称及规格	计量单位	发出数量	单 价	金 额	用 途
备注：			合 计		

计账：　　　　　　审批人：　　　　　　发料人：李峪

6. 12 日，将多余的甲材料 30 000 公斤销售给天坤公司，单价 25 元，成本 20 元。已收到银行转来的收账通知。原始凭证见附件 8-6-1、附件 8-6-2 和附件 8-6-3。

附件 8-6-1

中国银行**进　账　单**（收账通知）　3

2010 年 9 月 12 日

收款人	全称	保平市祥云有限责任公司	付款人	全称	保平市天坤股份有限公司
	账号	16030058576834527		账号	893205647289101883
	开户银行	中国银行平安支行		开户银行	中国农业银行恒祥支行
金额	人民币（大写）捌拾柒万柒仟伍佰元整		千 百 十 万 千 百 十 元 角 分		8 7 7 5 0 0 0 0
票据种类	转账支票		科目（借）		
票据张数	1		对方科目（贷）		
备注：			转账日期 2010 年 9 月 12 日	复核　记账	

此联是收款人开户行交给收款人的收账通知

（印章：中国银行平安支行 2010年09月12日 转讫）

附件 8-6-2

1300201230　　**河北增值税专用发票**　　№ 00301027

此联不做报税、扣税凭证使用　　开票日期：

购货单位	名　　称： 纳税人识别号： 地址、电话： 开户行及账号：				密码区	365777478/>+<1248<-< 加密版本 :01 *+--457-</148<-22-45 8641516972 *-4-78>8709458136845<7+0 47854129/92/263>>->98>><1 58432131	
货物或应税劳务名称	规格型号	单位	数量	单价	金额	税率	税额
合计							
价税合计（大写）	⊗				（小写）		
销货单位	名　　称： 纳税人识别号： 地　址、电　话： 开户行及账号：				备注		

收款人：　　复核：　　开票人：　　销货单位：

第一联：记账联　销货方记账凭证

（印章：保平市祥云有限责任公司 35066500333 发票专用章）

附件 8-6-3

保平市祥云有限责任公司材料出库单

年 月 日

产品名称及规格	计量单位	发出数量	单价	金额	用途
备注：			合计		

计账： 审批人： 发料人：李峪

7. 18 日转让专利权一项，账面价值 80 000 元，已摊销 10 000 元，没有发生相关的减值，取得收入 100 000 元，款项已经收到，存入银行，按 5% 计算应交营业税。原始凭证见附件 8-7-1、附件 8-7-2 和附件 8-7-3。

附件 8-7-1

无形资产转让计算单

年 月 日

调出单位				调入单位		
名称	单位	数量	原始价值	已摊销	净值	转让方式
转让价值	人民币（大写）小写				备注	

（印章：保平市祥云有限责任公司 财务专用章）

转让单位（章）： 主管：赵娜 复核： 制单：张力

附件 8-7-2

营业税计算表

年 月 日 单位：

计税项目	计税金额	税率	营业税
转让专利权收入			

负责人： 制表人：

附件 8-7-3

中国银行进　账　单（收账通知）　3

2010 年 9 月 18 日

收款人	全称	保平市祥云有限责任公司	付款人	全称	保平市财达股份有限公司
	账号	16030058576834527		账号	76903735749447
	开户银行	中国银行平安支行		开户银行	建设银行朝阳支行
金额	人民币（大写）壹拾万元整			千 百 十 万 千 百 十 元 角 分	1 0 0 0 0 0 0 0
票据种类	转账支票		科目（借）		
票据张数	1		对方科目（贷）		
备注：			转账日期 2010 年 9 月 18 日	复核	记账 孙祥

中国银行平安支行 2010年09月18日 转讫

此联是收款人开户行交给收款人的收账通知

8. 28 日，收到长虹商贸有限公司开来的代销清单并收取货款。原始凭证见附件 8-8-1 和附件 8-8-2。

附件 8-8-1

1300201230　　河北增值税专用发票　　№ 00301028

此联不做报税、扣税凭证使用　　开票日期：

购货单位	名称： 纳税人识别号： 地址、电话： 开户行及账号：					密码区	365777478/>+<1248<-< 加密版本 :01 *+--457-</148<-22-45 8641516972 *-4-78>8709458136845<7+0 4785412 9/92/263>>->98>><1 58432131	
货物或应税劳务名称	规格型号	单位	数量	单价	金额	税率	税额	
合计								
价税合计（大写）	⊗				（小写）			
销货单位	名称： 纳税人识别号： 地址、电话： 开户行及账号：				备注	保平市祥云有限责任公司 35066500333 发票专用章		

第二联：发票联　购货方记账凭证

附件 8-8-2

委托代销清单

产品名称	规格	单位	单价	数量	金额	交（提）货时间
A 产品		件	180	1 000	180 000	2010 年 9 月 11 日
人民币金额（大写）：壹拾捌万元整						

保平市长虹商贸有限公司 财务专用章

附件 8-8-3

中国银行进　账　单（收账通知）　3

2010 年 9 月 28 日

<table>
<tr><td rowspan="3">收款人</td><td>全 称</td><td colspan="3">保平市祥云有限责任公司</td><td rowspan="3">付款人</td><td>全 称</td><td colspan="10">保平市长虹商贸有限公司</td></tr>
<tr><td>账 号</td><td colspan="3">16030058576834527</td><td>账 号</td><td colspan="10">894055647999101562</td></tr>
<tr><td>开户银行</td><td colspan="3">中国银行平安支行</td><td>开户银行</td><td colspan="10">中国银行长城支行</td></tr>
<tr><td rowspan="2">金额</td><td colspan="6" rowspan="2">人民币（大写）贰拾壹万零陆佰元整</td><td>千</td><td>百</td><td>十</td><td>万</td><td>千</td><td>百</td><td>十</td><td>元</td><td>角</td><td>分</td></tr>
<tr><td></td><td></td><td>2</td><td>1</td><td>0</td><td>6</td><td>0</td><td>0</td><td>0</td><td>0</td></tr>
<tr><td colspan="2">票据种类</td><td colspan="3">转账支票</td><td colspan="12" rowspan="3">科目（借）
对方科目（贷）
转账日期 2010 年 9 月 28 日
复核　　记账</td></tr>
<tr><td colspan="2">票据张数</td><td colspan="3">1</td></tr>
<tr><td colspan="5">备注：</td></tr>
</table>

中国银行平安支行 2010年09月28日 转讫

此联是收款人开户行交给收款人的收账通知

9.30 日，用银行存款支付电话费 9 110 元。原始凭证见附件 8-9-1 和附件 8-9-2。

附件 8-9-1

中国银行
现金支票存根
10401320
00566352
附加信息

出票日期　　年　月　日

收款人：
金　额：
用　途：

单位主管：　　　　会计：

附件 8-9-2

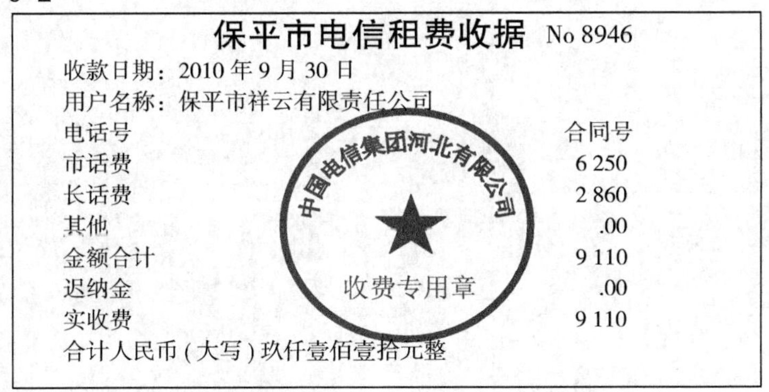
保平市电信租费收据　No 8946

收款日期：2010 年 9 月 30 日
用户名称：保平市祥云有限责任公司

电话号	合同号
市话费	6 250
长话费	2 860
其他	.00
金额合计	9 110
迟纳金	.00
实收费	9 110

合计人民币（大写）玖仟壹佰壹拾元整

10. 结转本月已销售产品成本。原始凭证见附件 8-10。

附件 8-10

保平市祥云有限责任公司销售成本计算表

年　月　日

产品名称	计量单位	销售数量	单位成本	金额

11. 月末计算本月应交增值税。原始凭证见附件 8-11。

附件 8-11

应交增值税计算表

2010 年 9 月 30 日　　　　单位：元

当期销项税额	当期进项税额	当期进项税额转出	已交税金	应交增值税
	90 000	0	0	

会计主管：　　复核：　　会计：　　制表：

12. 月末计算并计提本月应交城建税和教育费附加。原始凭证见附件 8-12。

附件 8-12

应缴城建税及教育费附加计算表

2010 年 9 月 30 日　　　　单位：元

税种	计税依据				税率	应纳税金额
	增值税	营业税	消费税	合计		
城建税					7%	
教育费附加					3%	
合计						

会计主管：　　复核：　　会计：　　制表：

13. 结转本月损益并编制本月损益类账户发生额汇总表。原始凭证见附件 8-13。

附件 8-13

本月损益类账户发生额汇总表

2010 年 9 月 30 日

账户名称	借方发生额	贷方发生额
主营业务收入		
其他业务收入		
主营业务成本		
其他业务成本		
营业税金及附加		
销售费用		
管理费用		
财务费用		
营业外支出		
合计		

会计主管：　　复核：　　会计：　　制表：

实训九　总账报表岗位实训

一、岗位职责

1. 根据规定的会计科目设置总账账户。按照采用的会计核算形式及时记账，月份终了编制总账科目余额表进行试算平衡，并与明细账核对，保证账账相符。

2. 编制会计报表。每月终了根据总账和有关明细账的记录，编制资产负债表、利润表，年度终了还需要编制现金流量表。会计报表之间相互核对，保持一致。及时报出。对会计报表进行分析，写出分析报告。

3. 管理会计凭证和账表。每月终了，整理各岗位的会计凭证和资料，集中保管。年终决算后，将全年的会计资料收齐，分类整理。需要归档的会计资料及时归档。

二、实训目的

教学日的：通过实训操作，使学生能编制资产负债表、利润表、现金流量表。

能力目标：根据登记的总分类账及明细分类账，熟练编制资产负债表、利润表、现金流量表。

知识目标：理解资产负债表、利润表、现金流量表的内容和编制方法。

三、模拟企业概况

企业名称：保平市祥云有限责任公司

单位地址：保平市新一区平安大街 555 号

法人代表：李榛杨

财务负责人：张颖

出纳：王佳

会计：赵丹

主管会计：王帆

税务登记类型：一般纳税人企业

开户银行：中国银行平安支行　　　行号 6608

账号：16030058576834527

税务登记号：350603001112348

联系电话：0312-50506666

四、实训材料准备

报表：资产负债表、利润表、现金流量表。

账簿：总分类账、科目汇总表。

凭证：银行收款凭证、银行付款凭证、现金收款凭证、现金付款凭证、转账凭证；记账凭证封皮。

工具：蓝（黑）红色签字笔、算盘、计算器、个人名章、夹子、尺子、刀子、胶水、曲别针。

五、实训要求

1. 根据经济业务编制会计分录，填制记账凭证
2. 开设总账，登记期初余额；根据科目汇总表登记总账；进行期末结账
3. 编制资产负债表、利润表、现金流量表

六、实训资料

（一）保平市祥云有限责任公司为一般纳税人，适用的增值税税率为17%，适用的所得税税率为25%，原材料采用计划成本法核算。2009年12月31日的资产负债表（年初余额略）、利润表（年初余额略）和2010年12月1日各总账账户期初余额表如下列所示：

表9–1

资产负债表

会企01表

编制单位：保平市祥云有限责任公司　2009年12月31日　　单位：元

资产	期末余额	年初余额（略）	负债和股东权益	期末余额	年初余额（略）
流动资产：			流动负债：		
货币资金	796 435		短期借款	44 000	
交易性金融资产	0		交易性金融负债	0	
应收票据	60 000		应付票据	100 000	
应收账款	598 200		应付账款	959 800	
预付账款	100 000		预收款项	0	
应收利息	0		应付职工薪酬	180 000	
应收股利	0		应交税费	227 731	
其他应收款	5 000		应付利息	0	
存货	2 496 700		应付股利	33 215	
一年内到期的非流动资产	0		其他应付款	50 000	

续表

资产	期末余额	年初余额（略）	负债和股东权益	期末余额	年初余额（略）
其他流动资产	85 000		一年内到期的非流动负债	0	
流动资产合计	4 141 335		其他流动负债	0	
非流动资产			流动负债合计	1 594 746	
可供出售金融资产	0		非流动负债：		
持有至到期投资	0		长期借款	1 160 000	
长期应收款	0		应付债券	0	
长期股权投资	250 000		长期应付款	0	
投资性房地产	0		专项应付款	0	
固定资产	2 200 000		预计负债	0	
在建工程	578 000		递延所得税负债	0	
工程物资	151 000		其他非流动负债	0	
固定资产清理	0		非流动负债合计	1 160 000	
生产性生物资产	0		负债合计	2 754 746	
油气资产	0		股东权益		
无形资产	540 000		股本	5 000 000	
开发支出	0		资本公积	0	
商誉	0		减：库存		
长期待摊费用	0		盈余公积	125 000	
递延所得税资产	9 900		未分配利润	190 489	
其他非流动资产	200 000		股东权益合计	5 315 489	
非流动资产合计	3 928 900				
资产总计	8 070 235		负债和股东权益总计	8 070 235	

表 9-2

利润表

编制单位：保平市祥云有限责任公司　　　　2009 年度　　　　单位：元

项　目	本期金额	上期金额
一、营业收入	5 500 000	略
减：营业成本	3 400 000	
营业税金及附加	27 000	

续表

项　目	本期金额	上期金额
销售费用	100 000	
管理费用	520 000	
财务费用	80 000	
资产减值损失	50 000	
加：公允价值变动收益（损失以“-”号填列）	20 000	
投资收益（损失以“-”号填列）	72 000	
其中：对联营企业和合营企业的投资收益		
二、营业利润（亏损以“-”号填列）	1 415 000	
加：营业外收入	60 000	
减：营业外支出	20 000	
其中：非流动资产处置损失	0	
三、利润总额（亏损总额以“-”号填列）	1 455 000	
减：所得税费用	363 750	
四、净利润（净亏损以“-”号填列）	1 091 250	
五、每股收益：		
（一）基本每股收益		
（二）稀释每股收益		

表 9-3

总账科目余额表

2010 年 12 月 1 日　　　　单位：元

科目名称	借方余额	科目名称	贷方余额
库存现金	3 000	短期借款	300 000
银行存款	786 135	交易性金融负债	0
其他货币资金	7 300	应付票据	150 000
交易性金融资产	0	应付账款	959 800
应收票据	60 000	其他应付款	50 000
应收账款	600 000	应付职工薪酬	180 000
坏账准备	-1 800	应交税费	227 731
预付账款	100 000	应付利息	0
其他应收款	5 000	应付股利	33 215
材料采购	282 000	长期借款	1 160 000
原材料	60 000	股本	5 000 000

续表

科目名称	借方余额	科目名称	贷方余额
周转材料	28 000	盈余公积	125 000
库存商品	2 122 400	利润分配（未分配利润）	190 489
材料成本差异	4 300		
其他流动资产	85 000		
长期股权投资	250 000		
固定资产	2 400 000		
累计折旧	–170 000		
固定资产减值准备	–30 000		
工程物资	151 000		
在建工程	578 000		
无形资产	906 000		
累计摊销	–60 000		
递延所得税资产	9 900		
其他非流动资产	200 000		
合计	8 376 235		8 376 235

（二）2010 年 12 月，保平市祥云有限责任公司发生如下经济业务。

1. 12 月 1 日，从银行提取现金 6 000 元。

2. 12 月 1 日，购入原材料一批，材料价款 300 000 元，增值税税额 51 000 元，款项已通过银行转账支付，材料验收入库。计划成本 301 000 元

3. 12 月 2 日，收到原材料一批，实际成本 150 000 元，计划成本 148 000 元，材料已验收入库，货款已于上月支付。

4. 12 月 3 日，销售产品一批，开出的增值税专用发票上注明的销售价款为 500 000 元增值税销项税额 85 000 元，产品已发出，价款尚未收到，符合收入确认的条件。

5. 12 月 3 日，企业为购建固定资产从银行借入 3 年期借款 500 000 元，借款已存入银行。

6. 12 月 4 日，购入工程物资一批，价款 150 000 元，增值税 25 500 元，款项已用银行存款支付。

7. 12 月 6 日，收到银行通知，用银行存款支付到期的商业承兑汇票 150 000 元，偿还应付账款 85 000 元。

8. 12 月 6 日，销售产品一批，价款 800 000 元，应收取增值税 136 000 元，货款已收存入银行，符合收入确认条件。

9. 12 月 7 日，公司出售一台闲置的设备，收到价款 200 000 元，设备原值 500 000 元，已提折旧 18 000 元，已提减值准备 10 000 元，设备已交付给购置单

位。相关法律手续办理完毕。

10. 12月9日，用银行存款支付职工工资600 000元，其中包括支付给在建工程人员的工资250 000元。

11. 12月11日，归还短期借款本金300 000元，利息18 000元，共计318 000元。

12. 12月12日，委托银行办理了一张147 000元的银行汇票，收到银行汇票回单。用银行汇票支付采购材料价款，公司收到开户银行转来银行汇票多余款收账通知，通知上所填多余款为2 505元，购入材料取得专用发票上注明的价款123 500元，增值税税额20 995元，材料已验收入库，该批材料的计划价格为123 200元。

13. 12月13日，分配应支付的职工工资600 000元（包括在建工程人员的工资250 000元），其中，生产人员工资300 000元，车间管理人员工资20 000元，行政管理部门人员工资30 000元。

14. 12月13日，提取职工福利费84 000元（包括在建工程应负担的福利费35 000元），其中，生产工人福利费42 000元，车间管理人员福利费2 800元，行政管理部门福利费4 200元。

15. 12月14日，用银行存款支付产品广告费30 000元。

16. 12月15日，基本生产车间领用原材料，计划成本400 000元；领用低值易耗品，计划成本50 000元，采用一次摊销法摊销。材料成本差异率为2%。

17. 12月16日，公司采用银行承兑汇票结算方式销售产品一批，价款200 000元，增值税税额34 000元，收到234 000元不带息银行承兑汇票一张。

18. 12月17日，销售商品的面值为100 000元的银行承兑汇票到期，委托银行收款，收到银行盖章退回的进账单回单联，款项银行已收妥。

19. 12月24日，收回应收账款380 000元，存入银行。

20. 12月30日，计提固定资产折旧120 000元，其中，应计入制造费用100 000元，管理费用20 000元。

21. 12月30日，计算并结转本月制造费用。没有期初在产品，本期生产的产品全部完工入库。

22. 12月30日，结转本期已售产品的主营业务成本900 000元。

23. 12月30日，基本生产车间盘亏一台设备，原价280 000元，已提折旧225 000元，已提减值准备25 000元。经领导批准，做营业外支出处理。

24. 12月30日，摊销无形资产价值100 000元。

25. 12月30日，计算长期借款利息，共计170 500，其中，工程应负担的长期借款利息160 000元，应计入本期损益的长期借款利息10 500元，该项借款本期未付。

26. 12月30日，工程完工，交付生产使用，已办理竣工手续，固定资产价值1 000 000元。

27. 12月30日，计提存货跌价准备11 190元。

28. 12月30日，计提固定资产减值准备20 000元。

29. 12月30日，结转本月各项收益、费用和“本年利润”科目余额。

30. 12月30日，计算应交企业所得税。假设企业无纳税调整项目。

31. 按净利润的10%提取法定盈余公积。

32. 将利润分配各明细科目的余额转入“未分配利润”明细科目，结转本年利润。

根据上述经济业务及资料，编制保平市祥云有限责任公司2010年12月31日科目余额表

表9-4

总账科目余额表

2010年12月31日　　　　单位：元

科目名称	借方余额	科目名称	贷方余额
库存现金		短期借款	
银行存款		交易性金融负债	
其他货币资金		应付票据	
交易性金融资产		应付账款	
应收票据		其他应付款	
应收账款		应付职工薪酬	
坏账准备		应交税费	
预付账款		应付利息	
其他应收款		应付股利	
材料采购		长期借款	
原材料		股本	
周转材料		盈余公积	
库存商品		利润分配（未分配利润）	
存货跌价准备			
材料成本差异			
其他流动资产			
长期股权投资			
固定资产			
累计折旧			
固定资产减值准备			
工程物资			
在建工程			
无形资产			
累计摊销			
递延所得税资产			
其他非流动资产			
合计			

编制保平市祥云有限责任公司 2010 年 12 月 31 日的资产负债表。

表 9–5

资产负债表

编制单位：　　　　　　　　　　　　年　月　日　　　　　　　　　　　　单位：

资产	期末余额	年初余额	负债和股东权益	期末余额	年初余额
流动资产：			流动负债：		
货币资金			短期借款		
交易性金融资产			交易性金融负债		
应收票据			应付票据		
应收账款			应付账款		
预付款项			预收款项		
应收利息			应付职工薪酬		
应收股利			应交税费		
其他应收款			应付利息		
存货			应付股利		
一年内到期的非流动资产			其他应付款		
其他流动资产			一年内到期的非流动负债		
流动资产合计			其他流动负债		
非流动资产：			流动负债合计		
可供出售金融资产			非流动负债：		
持有至到期投资			长期借款		
长期应收款			应付债券		
长期股权投资			长期应付款		
投资性房地产			专项应付款		
固定资产			预计负债		
在建工程			递延所得税负债		
工程物资			其他非流动负债		
固定资产清理			非流动负债合计		
生产性生物资产			负债合计		
油气资产			股东权益：		
无形资产			股本		
开发支出			资本公积		
商誉			减：库存股		

续表

资产	期末余额	年初余额	负债和股东权益	期末余额	年初余额
长期待摊费用			盈余公积		
递延所得税资产			未分配利润		
其他非流动资产			股东权益合计		
非流动资产合计					
资产总计			负债和股东权益总计		

编制保平市祥云有限责任公司2010年12月利润表。

表 9–6

利 润 表

编制单位：　　　　　　　　　　年　月　　　　　　　　　　单位：

项　目	本期金额	上期金额
一、营业收入		
减：营业成本		
营业税金及附加		
销售费用		
管理费用		
财务费用		
资产减值损失		
加：公允价值变动收益（损失以“–”号填列）		
投资收益（损失以“–”号填列）		
其中：对联营企业和合营企业的投资收益		
二、营业利润（亏损以“–”号填列）		
加：营业外收入		
减：营业外支出		
其中：非流动资产处置损失		
三、利润总额（亏损总额以“–”号填列）		
减：所得税费用		
四、净利润（净亏损以“–”号填列）		
五、每股收益：		
（一）基本每股收益		
（二）稀释每股收益		

根据保平市祥云有限责任公司的资产负债表和利润表，编制现金流量表。

表 9–7

现金流量表

编制单位：　　　　　　　　　　　　　午　　　　　　　　　　　　　单位：

项　目	本期金额	上期金额
一、经营活动产生的现金流量		
销售商品、提供劳务收到的现金		
收到的税费返还		
收到其他与经营活动有关的现金		
经营活动现金流入小计		
购买商品、接受劳务支付的现金		
支付给职工以及为职工支付的现金		
支付的各项税费		
支付其他与经营活动有关的现金		
经营活动现金流出小计		
经营活动产生的现金流量净额		
二、投资活动产生的现金流量		
收回投资收到的现金		
取得投资收益收到的现金		
处置固定资产、无形资产和其他长期资产收回的现金净额		
处置子公司及其他营业单位收到的现金净额		
收到其他与投资活动有关的现金		
投资活动现金流入小计		
购建固定资产、无形资产和其他长期资产支付的现金		
投资支付的现金		
取得子公司和其他营业单位支付的现金净额		
支付的其他与投资活动有关的现金		
投资活动现金流出小计		
投资活动产生的现金流量净额		
三、筹资活动产生的现金流量		
吸收投资收到的现金		
取得借款收到的现金		
收到其他与筹资活动有关的现金		
筹资活动现金流入小计		

续表

项　目	本期金额	上期金额
偿还债务支付的现金		
分配股利、利润或偿付利息支付的现金		
支付其他与筹资活动有关的现金		
筹资活动现金流出小计		
筹资活动产生的现金流量净额		
四、汇率变动对现金及现金等价物的影响		
五、现金及现金等价物净增加额		
加：期初现金及现金等价物余额		
六、期末现金及现金等价物余额		

表 9-8

现金流量表补充资料

补充资料	本期金额	上期金额
1. 将净利润调节为经营活动现金流量：		
净利润		
加：资产减值准备		
固定资产折旧、油气资产折耗、生产性生物资产折旧		
无形资产摊销		
长期待摊费用摊销		
处置固定资产、无形资产和其他长期资产的损失（收益以“-”填列）		
固定资产报废损失（收益以“-”填列）		
公允价值变动损失（收益以“-”填列）		
财务费用（收益以“-”填列）		
投资损失（收益以“-”填列）		
递延所得税资产减少（增加以“-”填列）		
递延所得税负债增加（减少以“-”填列）		
存货的减少（增加以“-”填列）		
经营性应收项目的减少（增加以“-”填列）		
经营性应付项目的增加（减少以“-”填列）		
其他		
经营活动产生的现金流量净额		
2. 不涉及现金收支的重大投资和筹资活动：		

续表

补充资料	本期金额	上期金额
债务转为资本		
一年内到期的可转换公司债券		
融资租入固定资产		

3. 现金及现金等价物净变动情况：

补充资料	本期金额	上期金额
现金的期末余额		
减：现金的期初余额		
加：现金等价物的期末余额		
减：现金等价物的期初余额		
现金及现金等价物净增加额		